Matthias Unger

•

Auf den Spuren der Gräfin Cosel

Matthias Unger

Auf den Spuren der Gräfin Cosel

**Mit einer historischen Liebesgeschichte
von Annette Seemann**

Verlag G.&M. Donhof
Arnstadt

ISBN 3-86162-020-0
1. Auflage, 1995
© Verlag G. & M. Donhof, Arnstadt 1995,
in Zusammenarbeit mit dem Autor.
Satzbearbeitung: Roy Kobin, Arnstadt
Repro: EGLITHO Erfurt
Hergestellt im Gebiet des ehem. Fürstentums
Schwarzburg-Sondershausen
Druck: Carl O. Heyder, Gehren/Thür.
Buchbinderische Weiterverarbeitung:
Wilhelm Weispflug, Großbreitenbach/Thür.

Inhalt

Vorbemerkung

Als Anna Constantia Gräfin von Cosel am 31. März
1765 auf Burg Stolpen ihre Augen für immer
schloß, vollendete sich das schwere Schicksal der
einstigen Geliebten eines Königs. Ein Lebensweg war
zu Ende gegangen, wie man in der deutschen Geschichte
nur wenige kennt und dessen Verlauf auch heute noch,
mehr als 225 Jahre später, die Herzen vieler Menschen
mit Anteilnahme erfüllt.

Geblieben ist die Erinnerung an eine Frau, die zu
ihrer Glanzzeit die Umgebung faszinierte und deren
Lebensweg mehr als zwei Jahrhunderte lang zu Ge-
schichten, Legenden und Urteilen immer wieder Anlaß
gab. Die Bewertungen ihrer Lebenssituation waren
unterschiedlich, je nachdem, aus welcher Sicht man im
nachhinein einen Deutungsversuch ihres Verhaltens
wagte. Dennoch hinterließen nahezu alle Biographen
bei ihren jeweiligen Lesern ein außergewöhnliches Mitgefühl, das aus dem Widerspruch zwischen einer
großen, historischen Liebesbeziehung und einer um
so unmenschlicheren Bestrafung dieser Zuneigung
resultiert. Die Gräfin Cosel verkörpert überraschender-
weise ein Frauenideal in ganz und gar heutiger Sicht.
Sie galt nicht nur als eine der anmutigsten und schönsten Personen ihrer Zeit, sie war auch witzig und
schlagfertig, und sie tanzte ebenso perfekt, wie sie mit

Pistolen umzugehen verstand. Ihr großartiger Charakter wurde von einem Geist beherrscht, der die in damaliger Zeit üblichen Konventionen weit hinter sich ließ.

Dieses Buch soll keine erneute Lebensbeschreibung der Gräfin Cosel sein – die in beeindruckender und mitreißender Weise von Gabriele Hoffmann verfaßte und 1984 veröffentlichte Biographie bedarf keines Gegenstücks. Wenn man jedoch jene noch heute vorhandenen Orte besucht, die Stationen ihres Lebens waren, kann man noch immer eine Fülle besonderer Empfindungen verspüren, die mit starken Gefühlen verbunden sind. Es scheint fast, daß die Leidenschaft, die von der Gräfin Cosel ausgeht, über die Zeiten hinweg und bis heute in der Lage ist, Menschen in ihren Bann zu ziehen.

Ein ganz besonderer Beleg dafür ist der Roman »Gräfin Cosel« von Józef Ignacy Kraszewski, in dem der legendäre Pole Zaklika als selbsternannter Beschützer der ungerecht behandelten und verfolgten Gräfin vielleicht die Wunschrolle seines Autors übernimmt, der damit seine eigenen inneren Gefühle eingesteht.

Den damaligen Hofprediger von Pillnitz Johann Christoph Rüdinger zitierend, versteht es auch Ingo Zimmermann in seiner Erzählung »La Collas Weinberg«, die bezaubernde und intelligente Gräfin Cosel besonders eindrucksvoll hervorzuheben.

Was mich selbst betrifft, so entdeckte ich – in glücklicher Übereinstimmung mit Gabriele Hoffmanns Doppelbiographie den Spuren der Gräfin Cosel folgend – das Wesen dieser ganz besonderen Frau »hautnah«. Beim Besuch ihrer bekannten Lebensstationen versuchte ich, mich mit meinen Gedanken in die Zeit vor dreihundert Jahren zurückzuversetzen. Als ich vor den überwältigenden Zeitzeugen ihres Lebens stand, spürte ich ein starkes, wenn auch illusionäres Gefühl des Dabeiseins. Getragen von dieser schönen Empfindung, ließ ich mich aus meinem Inneren heraus zu Handlungen einer uneingeschränkten Sympatie anregen, deren Beschreibung ich hier gern offenlegen möchte.

Wenn es mir gelänge, manch dafür empfängliches Menschenherz zu ebensolchen Empfindungen anzuregen, wäre ich glücklich, denn schon 1988 schlußfolgerte ich aus Anlaß einer Feierstunde zum 308. Geburtstag der Gräfin Cosel an ihrem Grab auf der Burg Stolpen: »Die ungerechte Verurteilung der Gräfin bedeutet ihre erneute Isolation von der Gesellschaft, ein realistisches Verständnis und Verehrung hingegen bringen Befreiung und Achtung.«

Anfänge in Stolpen und Depenau

Es war im Sommer 1963, als ich die Burg Stolpen das erste Mal besichtigte. Mit meinen damals vierzehn Jahren hatte ich noch kaum ein historisches Bewußtsein, aber die Schwärmerei meiner Mutter für das barocke Dresden legte zumindest den Grundstein für ein Interesse, aus dem später wirkliche Begeisterung wurde. Das Schicksal der Gräfin Cosel ließ mich nicht mehr los, jedoch dauerte es noch fünfundzwanzig Jahre, bis ich die Leidensstätte dieser hervorragenden Frau wiederum aufsuchte. Bei meinem zweiten Besuch

Burg Stolpen mit Cosel- und Schösserturm um 1778
Kupferstich von Adrian Zingg

war nun nichts mehr zufällig – im Gegenteil: Das mehrmalige Lesen von Kraszewskis Roman »Gräfin Cosel« und darauf basierende DDR-Fernsehfilm »Sachsens Glanz und Preußens Gloria«, zu Weihnachten 1987 zum ersten Mal ausgestrahlt, rüttelten die in mir ruhenden Jugenderinnerungen wach.

Nun wollte ich mehr wissen über dieses erschütternde Frauenschicksal. Ich konnte es nicht verstehen, daß ein von Herzen fühlender Kurfürst und König eine Frau verstieß, die ihn innig geliebt und ihm treu zur Seite gestanden hatte, um sie für den Rest ihres Lebens hinter düstere Mauern zu verbannen. Durch das eindrucksvolle Buch von Carl Czok »August der Starke und Kursachsen« lernte ich dessen Biographie zwar ausgiebig kennen, jedoch die Frage, warum August ausgerechnet dem Menschen, der seinen Ruhm am meisten förderte, nicht später, irgendwann während all der Jahre seiner erbärmlichen Gefangenschaft, wenigstens »gnädig« die persönliche Freiheit wiedergab, wollte und mußte ich mir selbst beantworten. Alle mir bis dahin bekannte Literatur konnte sie nicht erklären, und auch mein neuerlicher Stolpen-Besuch brachte mich einer Antwort nicht näher.

Aber etwas Wesentliches begann sich meiner zu bemächtigen: ein starkes Gefühl zu jener hinreißenden Frauengestalt, über die während meines Besuches auf der Burg so wenig Herzliches zu hören war. Nüchtern beschrieb die kurze Abhandlung im Führer durch die Burg Stolpen lediglich die Silhouette dieser Frau, ihre wahren Werte blieben unerwähnt. Ohne den Bezug auf Ehre und Geburt, unter Mißachtung der leidenschaftlichen Liebesbeziehung zwischen dem König und seiner ihm zur Linken abgebildeten Frau und wegen des Fehlens jeder Würdigung ihres politischen Weitblickes gelang lediglich die mehr oder weniger historisch genaue

11

Schilderung eines irgendwie gefühlsleeren Subjektes, das nicht mit Leben erfüllt war und unwirklich erscheinen mußte.

Mein Rundgang durch die Cosel-Gedenkstätte machte mich aber auch mit der Doppelbiographie Gabriele Hoffmanns bekannt, einem der eindrucksvollsten literarischen Werke meines späteren Lebens. Diese zu beschaffen, war nunmehr mein nicht leicht erreichbares Ziel, den Lebensweg der Gräfin Cosel bewußt nachzugehen, mein Wunsch.

Beides schien mir – zumindest in Gedanken – realisierbar zu sein, wenn es mir gelingen würde, dafür die sich zu dieser Zeit allmählich eröffnenden Reisemöglichkeiten in den Westen Deutschlands geschickt auszunutzen. Erfahrungen darin, dieser Freiheit näherzukommen, hatte ich schon gesammelt: Das fortgeschrittene Alter von Onkel und Tante hatte auch mich bereits an diesem Wunder teilhaben lassen. Wenn auch mit vibrierenden Nerven und unter scharfen Kontrollblicken, konnte auch ich die sonst kaum überwindbaren Grenzanlagen dennoch unbeanstandet passieren.

Ich gedachte der hübschen Stadt Bayreuth, die ich bereits ein Jahr zuvor bei einem Abstecher vom Wege zum Geburtstag des Onkels besucht hatte. Das beeindruckende barocke Franken-Städtchen gilt als das »kleine Dresden« der Markgräfin Wilhelmine Friederike Sophie von Brandenburg-Bayreuth, der Lieblingsschwester des Preußenkönigs Friedrichs des Zweiten.

August der Starke, das große Vorbild der preußischen Prinzessin, hatte 1709 in Berlin als ihr Taufpate fungiert. Als sich aber der um neununddreißig Jahre ältere, verwitwete sächsische Kurfürst dem Wunsch nach einer Ehe mit ihr widersetzte, zog er ihren Groll auf sich, und so stammt die boshafte Geschichte von Augusts dreihundertfünfundsechzig Kindern aus ihrem

Lebenswerk »Denkwürdigkeiten 1706 bis 42«. Mit dieser ebenso falschen wie unausrottbaren Legende versuchte sie – wie man weiß bis auf den heutigen Tag erfolgreich – den angeblich unsittlichen Lebenswandel des polnischen Königs zu brandmarken. Ihre wider besseres Wissen frei erfundene Übertreibung verkündete sie aller Welt anscheinend nur aus der Wut heraus, den Bayreuther Markgrafen Friedrich geheiratet haben zu müssen. Inzwischen hat sich die einst als Verleumdung gedachte Anschuldigung freilich in eine Art augenzwinkernde Bewunderung für die angeblich unvergleichbare Manneskraft des Sachsenkönigs verwandelt.

Interessant und eindrucksvoll zugleich scheint mir ein aufschlußreicher Brief zu sein, den Friedrich der Zweite am 26. Januar 1728 aus Dresden an seine Schwester Wilhelmine schrieb, als er zusammen mit dem strengen Vater, König Friedrich Wilhelm dem Ersten, Gast am sächsischen Hofe war. Dieser Brief beschreibt das Äußere und den Charakter der erwähnten Personen ähnlich, wie auch andere es getan haben, und er wird daher der Wahrheit sehr nahekommen. Er macht, verbunden mit einer genauen und treffenden Bewertung der beiden Coseltöchter, zugleich einen Hauch von der einstigen Lieblichkeit ihrer Mutter erahnbar:

»Liebste Schwester!

Trotz aller Zerstreuungen denke ich stets an Dich und werde Dich erst mit dem Tode vergessen. Aber warte einen Augenblick. Laß mich erst husten, ausspucken und mich darauf schneuzen. Wovon willst Du hören? Von der großen Welt? Gut! Der König von Polen ist mittelgroß. Er hat sehr starke Augenbrauen und eine etwas aufgestülpte Nase. Er geht recht gut, trotz seines Beines. Er ist geistvoll, sehr höflich gegen jedermann und hat viel Lebensart. Er schnarrt etwas beim Sprechen und ist nicht leicht zu verstehen, da er viele Zähne verloren hat. Trotzdem sieht er gesund aus und ist körperlich gewandt, das heißt, er sticht nach dem Ring, tanzt und tut andere Dinge wie ein junger Mann.

·Der Kurprinz – oder Kronprinz, wie er hier genannt wird – ähnelt dem Markgrafen Ludwig, hat Grumbkows Größe, ist aber viel stärker. Er trägt eine blonde Perrücke und jeden Tag ein neues Kleid. Dabei ist er ein hübscher Prinz.

Zu meiner Überraschung ist er geistvoll; denn er spricht sehr hübsch, und alles was er sagt, hat Hand und Fuß. Kurz, er ist sehr nett. Die Prinzessin ist alles andere als hübsch; offen gesagt, ist sie verboten häßlich, dabei gut, aber etwas hochnäsig. Wie alle kleinen Geister mag sie die Hofnarren sehr gern. Sie treibt großen Aufwand mit Kleidern und besonders mit Juwelen. Sie hat vier verschiedene Garnituren, eine schöner als die andere. Unter anderem fielen mir Ohrgehänge mit Diamanten auf, so lang, wie ich sie noch nie gesehen habe, von ovaler Form. Alle ihre Damen gehen in spanischer Tracht. Die Prinzessin von Weißenfels, die Ziererei in Person, ist stets um sie. Nachstehend der Stammbaum der anerkannten Bastarde des Königs:

von der Spiegel:	*Graf Rutowski*
	und ein Bruder
	Gräfin Bilinski
von der Königsmark:	*Moritz, Graf von Sachsen*
von der Cosel:	*Gräfin Friesen*
	Gräfin Cosel, Tochter

von einer französischen Dame: Gräfin Orczelska
Das sind die vornehmsten Damen am Hofe.

*Lebe wohl! liebe mich, wie ich Dich liebe. Wenn Dir die
Ohren nicht klingen, ist es nicht meine Schuld; denn die
Feldmarschallin und ich sprechen immer von Dir.*
   *Ich liebe Dich so, daß ich Dir gern meinen Platz
abträte, um Dir Freude zu machen.*
   *Lebe wohl! ich bin Dein Diener. Madame Du Mensil,
Monsieur Dupré, Favier, Saint Denis, Beau-fort und die
Mademoiselles Clement, Vaurinville, Corretté, Romain-
ville, und andere Tänzer, Tänzerinnen und Figurantin-
nen rufen mich.*
Friedrich der Philosoph«

   Doch zurück zu den Auswirkungen meines Besuches
in Stolpen Anfang 1988. Wieder hatte ich eine Besuchs-
reise in den Westen zum Geburtstag des Onkels im Mai
beantragt. Ob es mir gelänge, Depenau, den Geburtsort
der Anna Constantia von Brockdorff in Holstein aufzu-
suchen? Alle meine Planungen konzentrierten sich nunmehr darauf. Als ich mir die Genehmigung einen Tag
vor der beantragten Abreise beim VPKA (Volkspolizei-
kreisamt) abholen konnte, machte ich Luftsprünge. Ich
eilte zum Bahnhof, um die Fahrkarten für den ausge-
dachten Reiseweg zu kaufen. Der Onkel wohnte im
Süden, Depenau liegt im Norden, also mußten zwei
Fahrscheine gekauft werden. Daß ich die Fahrstrecke
Lichtenfels–Erfurt und Erfurt–Bebra gar nicht benut-
zen würde (ich umfuhr Thüringen auf meiner Reise
nach Hamburg), spielte keine Rolle. Und los ging's!
   Ich konnte es kaum erwarten – es war zufälliger-
weise der Himmelfahrtstag des Jahres 1988 –, den
Ort zu betreten, an dem fast 308 Jahre zuvor, in der
Nacht vom 17. zum 18. Oktober 1680 das Leben der
Anna Constantia begonnen hatte. Hier war sie auch
von ihrem stolzen Vater ebenso ritterlich wie graziös
erzogen worden.

Kaum angekommen, suchte ich nach jenem Haus mit dem Walmdach, dem sogenannten Geburtshaus der Gräfin Cosel, das ich im Burgmuseum Stolpen auf einem Bild gesehen hatte. Mit einiger Phantasie und nach Rückfragen ließ es sich leicht finden, wenngleich alle Einheimischen, die ich fragte, von einer Gräfin Cosel nichts wußten.

Anders verhielt es sich mit den Besitzern des 1938 stilvoll veränderten und vergrößerten Wohnhauses, die auch den Wirtschaftsbetrieb führten. Sie kannten die Geschichte des holsteinischen Adelsgeschlechtes von Brockdorff genau, das vor ihnen auf diesem stattlichen Gutsbesitz gelebt hatte. Mir ostdeutschem Besucher kam es vor, als lebe Jürgen Hammerschmidt, dessen Vorfahren einst die bekannte Villa in Bonn am Rhein bewohnt hatten, mit seiner bezaubernden Frau Ada, einer geborenen Gräfin zu Dohna, und den drei Kindern mitten im Paradies.

Das schöne Wetter und die sanfte Idylle der holsteinischen Landschaft verstärkten den angenehmen Eindruck, den das erhabene Haus und seine Bewohner auf mich und meine Vorstellungen ausübten. Ich strich mit der Hand über die alten Balken beim Eingang zum Untergeschoß, um mich zu vergewissern, daß ich nicht träumte. Beim Rundgang über den Gutshof, der heute viel eher den Charakter einer norddeutsch geprägten Parklandschaft mit freiem, weiten Blick in die Umgebung angenommen hat, gingen meine abschweifenden Gedanken in die Geschichte zurück.

Eine schloßähnliche Wasserburg soll bis 1783 das Plateau des alten Gutshofes beherrscht haben. Beim Überqueren des Flüßchens Depenau, auch »Alte Schwentine« genannt, dessen sauberes Wasser dem nahe gelegenen Stolper See entströmt und den Gutsbesitz durchfließt, stellte ich mir vor, daß hier einst dichte Wälder begonnen hatten, die sich bis zum Plöner See und bis Preetz entlang der Depenau hinzogen. In dem Buch »Constantia von Cosel ...«, das ich mir in Hamburg gekauft und an den Abenden und frühen Morgenstunden zuvor gelesen hatte, beschreibt die Autorin Gabriele Hoffmann einfühlsam und romantisch den hiesigen Landstrich, so daß ich nachempfinden konnte, wie das junge Mädchen Constantia einst mit ihrem Vater durch die gutseigenen Buchenwälder geritten war und das Schießen und Fechten erlernte.

Während meine beiden Begleiter, eine Großcousine mit ihrem Freund, an einem malerischen Wiesenrain haltmachten, um sich ihren eigenen Empfindungen bei einem Picknick zu überlassen, ging ich gemächlich weiter. Bald traf ich auf zwei, den Vatertag in altgewohnter Weise feiernde freundliche Wandersmänner, die mich Fremden sofort als Sachsen identifizierten. Als ich ihnen erzählte, daß ich wegen dieses außergewöhnlichen Besuches an meiner gewohnten alljährlichen Himmelfahrtstour mit den Freunden heute ausnahmsweise nicht teilnehmen könnte, zogen sie eine Flasche und Gläser aus ihrem Rucksack hervor – ein drittes Glas hatten sie vorsorglich dabei – und schenkten ein. Wir stießen mit Moselwein auf den Geburtsort der Gräfin Cosel, auf Sachsen, auf Thüringen, auf unser ganzes deutsches Heimatland und meine Vatertagsgesellschaft an, die zur gleichen Zeit zu Hause in Erfurt nicht mehr beim ersten Bier war und sich auch schon mehrere der unübertrefflichen Bratwürste gegönnt hatte. Ich schäme mich nicht zu bekennen, daß mir die Freude und Herzlichkeit dieser Begegnung ein paar Tränen in die Augen trieb.

Später gab mir Jürgen Hammerschmidt in seinem Büro noch einen fundierten und kenntnisreichen historischen Abriß über Depenau, und ich überreichte ihm meinen Materialauszug zum Leben der Gräfin Cosel in Sachsen. Dann verabschiedete ich mich herzlich von der aufgeschlossenen Familie und Depenau, dem Ort, der mich so sehr angezogen hatte.

Christian, der Freund meiner Großcousine Annette, führte mich nun zum Plöner See und zeigte mir anschließend seine Heimatstadt Lübeck. Nie zuvor hatte ich ein so hohes und imposantes Kirchenbauwerk wie die Marienkirche gesehen, obwohl auch der Erfurter Dom und die neben ihm erbaute Severikirche auf ihrem Hügel über der Stadt immer einen tiefen Eindruck auf mich machen. Gemäß einer Sitte aller erstmaligen Lübeckbesucher verglich auch ich das historische Holstentor mit dessen Abbildung auf dem Fünfzigmarkschein.

Später las ich bei Gabriele Hoffmann, daß die Gräfin Cosel öfters in Lübeck sowie in Hamburg gewesen war. In diesen beiden alten Hansestädten hatten sich ihre naturwissenschaftlichen und kaufmännischen Talente entscheidend gefestigt.

Der Weg zum Durchbruch

Schon während der Heimreise im Zug konnte ich das Buch »Constantia von Cosel ...« nicht aus der Hand legen. Es zog mich ganz und gar in seinen Bann, und ich las sorgsam alles über Depenau und die Kindheit des Fräuleins von Brockdorff noch einmal nach. Eine neue Verbindung tat sich zwischen ihr und mir auf, als ich aus dem Buch etwas von den chemisch-physikalisch-technischen Studien und den unbestreitbaren naturwissenschaftlichen Talenten der jungen Holsteinerin erfuhr. Schon die Mutter hatte ihr die destillative Trennung und Anreicherung von mancherlei Drogen und Auszügen sowie das Brennen von Aquavit, dem dänischen »National-Lebenswasser«, beigebracht. Auch Besuche zusammen mit dem Vater bei Glas- und Metallschmelzern hatten das Mädchen tief beeindruckt. Es fiel mir leicht, ihre Gedanken nachzuvollziehen, und es wurde mir meine innere Zufriedenheit über meine umfassende und moderne chemische Ausbildung bewußt und daß ich ein angesehener Diplom-Chemiker war. Die Chemie ist meiner Meinung nach für das Verständnis unserer Umwelt am besten geeignet: Man kennt als Chemiker die natürlichen Zusammenhänge besser und lebt deshalb bewußter. Wenn ein Mädchen, das vor dreihundert Jahren lebte, ihre ersten Bildungskontakte gerade zu dieser Wissenschaft knüpfte, so beeindruckte das meine Naturwissenschaftler-Ehre stark. Ihr Interesse für die Chemie erhielt sich die Gräfin Cosel ihr Leben lang, und die Tatsache, daß sie sich sogar in der Gefangenschaft das Gesicht nur mit destilliertem Wasser wusch, spricht für sich.

In solcherart Überlegungen vertieft, verging mir die Reisezeit wie im Fluge. Ich fühlte mich wohl und behaglich, denn ich saß nicht nur bequem, es ging ja auch wieder nach Hause, ein Umstand, der mir jedesmal meine innere Ruhe zurückgibt und mich froh macht.

In Bebra allerdings bemächtigte sich meiner wiederum jene Angst vor der innerdeutschen Grenze und den dort stattfindenden Kontrollen, die uns DDR-Bürgern in extremer Weise vorführten, welch traurige Untertanen einer allgewaltigen Obrigkeit wir waren. Mein Buch steckte ich lieber weg und schrieb seinen Erwerb im Westen auch nicht auf diesen Zettel, den der Zollbedienstete so betont gewissenhaft prüfte.

Nachdem ich den mir sonst unmöglichen Blick auf die liebe alte Wartburg von Westen her ausgekostet hatte, schloß ich die Augen und freute mich über all die schönen Erlebnisse, die ich auf meiner »großen« kleinen Reise gehabt hatte.

Schon gingen mir neue Ideen und Vorhaben durch den Kopf. Nach Dresden müßte ich unbedingt bald einmal fahren, um in aller Ruhe nach Zeugnissen zu suchen, die geeignet waren, von der Glanzzeit der Gräfin Cosel Bericht zu geben. Um mich darauf vorzubereiten, las ich die nächsten Wochen in jeder freien Stunde in meinem neuerworbenen Buch. Ich erinnere mich nicht, je zuvor so gespannt und mit so viel Mitgefühl eine Biographie gelesen zu haben.

Gabriele Hoffmanns kleine Rahmenkapitel zum 23. Juli 1727, jenem Tag, an dem August der Starke Stolpen noch einmal aufgesucht hatte, beeindruckten mich tief. Zum damaligen Zeitpunkt dauerte die strengste Einzelhaft für des Königs einstige Geliebte, auf dem dortigen Schloß von vierundvierzig Soldaten bewacht, schon elf lange Jahre. Oft vibrierte mein Herz beim Lesen, und manchmal war ich den Tränen nahe.

Auf meine anfänglichen Fragen nach dem Wie und Warum ihres ungerechten Schicksals begannen sich die ersten Antworten herauszubilden. Mir fehlte aber noch das Einfühlungsvermögen für das Verhalten der Gegner der Gräfin Cosel.

Um der Wahrheit wirklich näher zu kommen, war ich verständlicherweise noch zu sehr befangen. Mein Gerechtigkeitssinn ließ mich ausschließlich und ohne Vorbehalte für die unschuldige, nie verurteilte, verschleppte, an Leib und Seele gefolterte, hochzuschätzende Frau Partei nehmen. Fakten, die ich erfuhr, und mein gefühlsmäßiges Hingezogensein zur Gräfin Cosel forderten irgendeine Reaktion von mir auf die Diskrepanz zwischen der historischen Wahrheit und der allgemeinen Herabwürdigung dieses Menschen.

Zunächst reiste ich, in der Frage, die ich für mich lösen wollte, höchst engagiert, wieder einmal nach Dresden. Ich hatte mir vorgenommen, das Taschenbergpalais, Pöppelmanns erstes barockes und glänzend gelungenes Bauwerk in Dresden, um 1708 für die Gräfin Cosel erbaut, genauestens zu inspizieren – so gut es der Zustand, in dem der Zweite Weltkrieg das eindrucksvolle Gebäude hinterlassen hatte, überhaupt noch zuließ.

Man brauchte schon genaue Kenntnisse, um sich die einst so berühmte doppelläufige Prunktreppe, vom marmornen Säulenvestibül ausgehend, vorstellen zu können. Doch die rechte Stufenauflage war noch zu sehen. So ging ich zwischen den wild wachsenden Sträuchern die Treppenwangen nach oben. Zwei Zwischen-

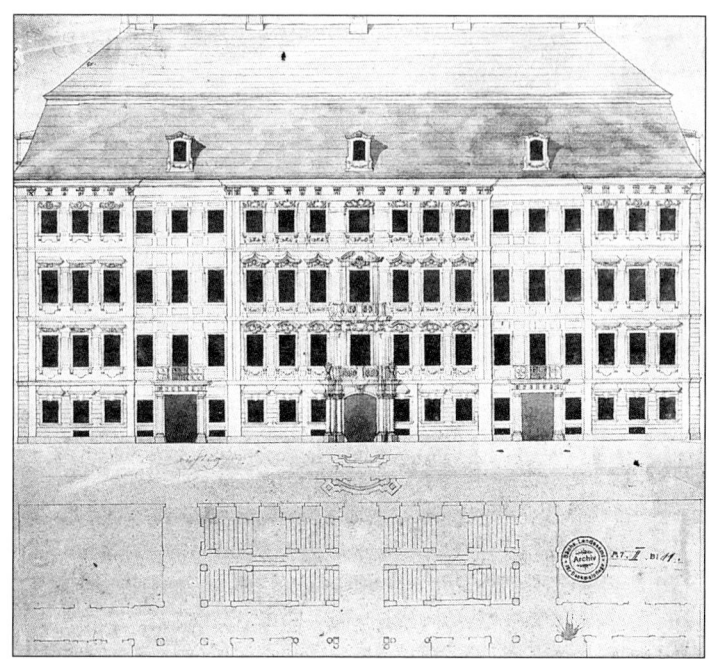

Entwurf für das Taschenbergpalais in Dresden
Erdgeschoßgrundriß und Aufriß der Nordfassade, nach 1705
Dresden, Institut für Denkmalpflege

podeste mußte die Treppe früher gehabt haben. Ich konnte mir das Bild in meinen Gedanken nicht genau nachzeichnen, deshalb fragte ich im Institut für Denkmalpflege nach. Herr Prinz, der das Taschenbergpalais dort wissenschaftlich betreute, wollte mit der Sprache nicht so recht herausrücken. Er verwies mich auf den im »Löffler« abgedruckten Pöppelmannschen Fassadenriß, den wir gleich anschauen. Jetzt begriff ich, welche Ausstrahlung einst von der weithin gepriesenen Treppenanlage ausgegangen sein mußte, als die Gräfin Cosel vor zweihundertachtzig Jahren *»geschmückt wie eine Venus aus Griechenland«* auf einem der Podeste ihre staunenden Gäste empfing.

Wieder zurück, sah ich mir die Treppe noch einmal genauer an. Sie war so konstruiert, daß man, vom Hauptportal her durch die säulengetragene Eingangshalle kommend, zwischen zwei Treppenaufgänge gelangte. Es bestand nun die Möglichkeit, auf der rechten oder linken Treppe zum ersten Obergeschoß hinaufzusteigen. Beide Treppen waren spiegelgleich angeordnet, und man kam nach zwölf geradlinigen Stufen auf je ein Zwischenpodest. Von dort gelangte man über wiederum zwölf Stufen in weiterführender Richtung zum Erdgeschoß zurück zu den kleineren Empfangsbereichen, die hinter den beiden Nebenportalen des Palais lagen. Ganz gleich also, durch welches Portal man kam, es führten von vier verschiedenen Seiten her stets zwölf Stufen auf einen der beiden Treppenabsätze. Natürlich war der wirkungsvollste Aufstieg vom Hauptportal aus gegeben.

Im rechten Winkel führten nun fünf Stufen vom ersten zum zweiten Absatz dieses Treppenwunders. Von dort ging es diametral entgegengesetzt entweder über zwölf weitere geradlinige Stufen zum Foyer des Festsaales oder, in anderer Richtung, zu den zahlreichen Gemächern im ersten Obergeschoß. Und auch diese Anordnung der Wege vom zweiten Plateau der Treppenanlage aus existierte spiegelgleich noch einmal.

Es muß erheiternd gewesen sein, wenn sich vor zweihundertachtzig Jahren zwei einander nicht ganz gleichgültige, zum Fest geladenen Gäste nach dem großartigen Eindruck, den das von der Gräfin Cosel geschmackvoll ausgestattete Vestibül und die sicher gelungene Zeremonie am Eingang in ihnen hinterließen, beim Aufgang kurz trennten, die spiegelgleiche Treppe in entgegengesetzter Richtung emporstiegen, um gleichzeitig die Festetage zu erreichen und dabei wieder direkt aufeinanderzutreffen. Ich stellte mir vor, daß auch ein vergnügliches Menuett auf dieser wunderbaren Treppenkonstruktion beeindruckend wäre und wie hinreißend es gewesen sein mußte, oben angekommen, seine geliebte Freundin tanzend zu übernehmen und in den Festsaal zu geleiten.

Mir klangen die Ohren bei dem Gedankenspiel, aber meine Phantasievorstellungen kehrten beim Anblick der kläglichen Reste des ehemals so stolzen frühen Meisterwerkes Matthäus Daniel Pöppelmanns sehr schnell auf den Boden der Realitäten zurück. Anscheinend hatten die Regierenden der Neuzeit keinen Wert mehr auf solcherart galante Spielereien gelegt: Die linke Treppenanlage war im zwanzigsten Jahrhundert aus Platzgründen abgerissen worden, an der Ruine hatte sich seit Kriegsende nichts verändert, und es dürfte zu meiner Zeit nur wenige Besucher gegeben haben, die überhaupt bis hierher gelangten, geschweige denn sich der Mühe unterzogen, die Trümmer der überwältigenden Treppe in ihrer so ausgeklügelten Konstruktion sich auszumalen.

Wenn Steine sprechen könnten! dachte ich. Was hatte diese Ruine alles erlebt? Ihre Quader erfuhren einst beim Bau des prächtigen Palais die sorgfältigste Bearbeitung durch geschickte Steinmetzen. Zwischen ihnen hatten sich die mächtigsten Herrscher jener Zeit mit ihrem prachtgewohnten Gefolge bewegt. Und natürlich hatten die von der Gräfin Cosel geführten Festgesellschaften dem Leben hier glanzvolle Höhepunkte aufgesetzt. Die Treppenwange, auf der ich gerade stand, trug einstmals auch sie. Ich berührte die ausgebrannten Steine und ging zu der Stelle, an der damals das Geländer vom ersten zum zweiten Treppenabsatz führte. Diese fünf Stufen erschienen mir die wirkungsvollsten für das Erscheinen der Hausherrin gewesen zu sein: Sie in halber Höhe schweben zu sehen, welch großartiger Anblick für die Ankommenden! Wem wird die Gräfin entgegengegangen sein? Wie ein vom Himmel herabsinkender, lächelnder Engel muß sie den ihr zugewandten Gästen und Freunden erschienen sein.

Ob auch August der Starke diesen strahlenden Anblick erlebte, und was mag er dabei empfunden haben? Der direkte Weg über den hölzernen Verbindungsgang zwischen Schloß und Palais konnte solch einen wirkungsvollen Eindruck nicht vermitteln. Aber es wird in dem glanzvollen Haus für ihn sicher noch andere Plätze der Verlockung und Hingabe gegeben haben.

Beim Verlassen des Palais hielt ich noch einmal am künstlerisch perfekten Eingangsportal inne. Die vier nach vorn versetzten Säulen, welche den schmucken Balkon trugen und den Eingang optisch erweiterten, waren ein ebenfalls genialer Einfall des Baumeisters. Möglicherweise hat er sein Werk in einer der Nachwelt für alle Zeiten verborgenen Zuneigung zu seiner Bauherrin vollbracht, und er befand sich in einem fortwährenden, von Herzen kommenden imaginären Dialog mit derjenigen, für die er das Gebäude errichtete. Vielleicht konnte überhaupt nur deshalb ein ästhetisch so makelloses Bauwerk wie das Taschenbergpalais enstehen, dessen grandiose Vollendung nicht ohne Beteiligung der Gefühle seines Schöpfers möglich war. Ein so gelungenes Portal für das Wohnhaus der jungen Gräfin Cosel und das ganze Gebäude dazu zu entwerfen, mußte den um achtzehn Jahre älteren Architekten in sehr starkem Maße angespornt haben. Jedenfalls war er ein großer Künstler und ein Meister seines Faches.

Als ich mir die klägliche Ruine des einst prächtigen Baues betrachtete, mußte ich an den 13. Februar 1945 denken, die Nacht des für Dresden so schrecklichen

Infernos. Auf unserer Welt gibt es nichts Fürchterlicheres als das absichtliche Töten unschuldiger Menschen und die Zerstörung unersetzbarer kultureller Schätze. So wie die Gräfin Cosel zu ihrer Zeit einem regelrechten Vernichtungsfeldzug erlag, erging es im Zweiten Weltkrieg auch ihrem Palais. Beides wird nachfolgende Generationen in seiner Beziehung zueinander auf ewig mahnen.

Ich war noch vollkommen in Gedanken versunken, als eine Gestalt von hinten an mich herangetreten war und mich anherrschte, ich dürfe hier nicht herumlaufen. Ich fand in den Alltag zurück und verließ schnell den Ort, mit dem für die Gräfin Cosel die glanzvollste Zeit ihres Lebens verbunden gewesen war, und begab mich noch einmal nach Stolpen.

Für jeden Cosel-Verehrer liegen Welten zwischen Dresden und Stolpen. Der christliche Gedanke an die Bewahrung der Schöpfung läßt den grausamen histo-rischen Hintergrund, der die Leidensstätte der Gräfin Cosel prägt, ein wenig verblassen: Allein die anmutige Landschaft auch dieser Region zieht jedes Jahr Tausende Besucher in ihren Bann. Heute betreten die meisten Touristen die Schloßruine mit gemischten Gefühlen, haben sie doch wenigstens eine bestimmte Ahnung vom Schicksal der prominenten Gefangenen, die das Schloß weithin überhaupt erst bekannt gemacht hat.

Bis Weihnachten 1991 waren 275 Jahre vergangen, seit man die grundlos verfolgte, fast zu Tode gequälte, einst jedoch ihr blühendes Leben in vollen Zügen genießende Frau im ehemaligen Zeughaus der Festung Stolpen vor der Öffentlichkeit versteckt hielt. Niemand sollte erfahren, zu welcher Willkür die Regierenden in Kursachsen mit Billigung des Königs von Polen fähig waren. Heute ist die Festung ebenso wie das Taschenbergpalais in Dresden eine Ruine.

Eigentlich sollte sich die Erinnerung an frühere Bewohner derartiger, nur als klägliche Reste erhaltenen Gebäude im Nichts verlieren, schwebte nicht ein so fürchterliches Unrecht seit Jahrhunderten über der berühmtesten Staatsgefangenen von Stolpen.

Schon Oskar Wisdorf kam 1892 in seinem Lebensbild über die Gräfin Cosel zu der Schlußfolgerung:

»So war sie in der Tat >eine der schönsten Frauen ihrer Zeit<. Was aber das Interesse der Nachwelt für sie in Anspruch nimmt, ist der Gegensatz menschlicher Schicksale in ihrem Leben, wie er ergreifender wohl selten ein Menschenherz berührt. Das allein ist es, was das Interesse für die Gräfin Cosel wach erhält und wach erhalten wird, auch wenn der alte Johannisturm in Stolpen längst verfallen sein und kein Kastellan mehr ihre Lebensgeschichte dem Besucher der Schloßruine erzählen wird.«

Der alte Johannisturm, inzwischen in Coselturm umbenannt und mit einem gepflegten Museum über seine erbarmungswürdige Bewohnerin ausgestattet, steht noch. Er wie auch das Grab der Unglücklichen sind heute ein Magnet für alle Cosel-Interessenten. Ansonsten ist fast alles so, wie Wisdorf es damals beschrieb.

Die beiden Burgverwalter erlebte ich als fleißige Diener einer Administration, die das Kulturerbe mit wenigen Mitteln zu erhalten suchten; einer kümmerte sich um die Finanzen, der andere um die komplizierten, den endgültigen Verfall abwendenden Baumaßnahmen. Die Lebensgeschichte der Gräfin Cosel erzählten sie den alltäglichen Besuchern schon nicht mehr. Vielleicht um Oskar Wisdorf eins auszuwischen, maßte es sich ein »ehrenamtlicher Burgführer« gar an, die Gräfin Cosel so darzustellen, wie er es sich vorstellte oder wie andere es ihm aufgetragen hatten.

Schaudernd erlebte ich eine solche Geschichtsfälschung mit, als mehrere interessierte Individualisten den Erklärungen des vermeintlich allwissenden Mannes aufmerksam zuhörten, der aber offensichtlich noch nicht einmal das in der Burgverwaltung vorhandene Exemplar der Doppelbiographie Gabriele Hoffmanns gelesen hatte. Es war entsetzlich, wie er, frei vor sich hinfabulierend, ein Menschenschicksal grausam entstellte. Nichts Gutes verblieb zum Schluß an der Gräfin Cosel: Sie habe ihr Schicksal verdient, war sein zusammenfassendes Postulat. Mir war, als seien die letzten hundert Jahre noch nicht vergangen und das sittlich-moralische Verlangen der Zeit um die Jahrhundertwende nähme noch immer seinen erzieherischen Einfluß auf die Gegenwart. Und bei seinen lächerlichen Witzen in Verbindung mit der von mir Verehrten konnte ich nichts als Abscheu empfinden.

Zeigte sich mir jetzt der Durchbruch zur Wahrheit? Es lag auf der Hand, daß es nunmehr für mich notwendig geworden war, selbst vor die Öffentlichkeit zu treten, um der armen Gräfin endlich Gerechtigkeit widerfahren zu lassen und jenes Wissen über sie mitzuteilen, das ich vor allem aus dem Buch der Gabriele Hoffmann erfahren hatte. Die loyalen Burgverwalter Günter Kappler und Jürgen Major stimmte mein Ansinnen optimistisch, bestand doch letztlich auch der gesellschaftspolitische Wunsch der Stolpener Stadtoberen, bestimmte kulturelle Aktivitäten nachzuweisen. Ohne meine Fähigkeiten als Redner je getestet zu haben, kam uns die spontane Idee, interessierten Bewohnern der Stadt und des umliegenden Landes anläßlich des Geburtstages der Gräfin Cosel im Herbst meine Erkenntnisse über deren berühmteste unfreiwillige Einwohnerin vorzutragen.

Ehrfurchtsvoll ging ich zum Grab der so lange auf Verteidigung wartenden einstigen »fürstlichen Braut«. Die zahlreichen Touristen um mich herum behinderten eine stille Andacht. Der Blick auf den grauen Sandstein ließ aber eine ganz private Vision vor meinem inneren Auge Gestalt annehmen: Ich sah eine kleine Schar Zuhörer vor mir, die gespannt den Worten lauschten, mit denen ich die Gräfin Cosel ehrte. Das würde schön sein!

Schon während der Autofahrt nach Hause gingen mir Einzelheiten durch den Kopf. Immer wieder sang ich vor mich hin und überholte viele Langsamfahrer mit meinem Trabant. Wie sollte ich mein Unterfangen verwirklichen, überlegte ich. Werden überhaupt genügend Zuhörer kommen? Wo ist die Zusammenkunft am wirkungsvollsten? Darf ich überhaupt eine öffentliche Rede halten? All diese Fragen ließen immer wieder Zweifel in mir aufkommen, die mein Elan jedoch kompensierte.

Frei von jeglichen Erfahrungen beschloß ich, ein Plakat drucken zu lassen, das die geplante Veranstaltung bekanntmachen sollte. Die zuständige Abteilung Kultur des Rates der Stadt Erfurt genehmigte mir schließlich das Werben um meinen »Versuch zu einer gerechten Persönlichkeitseinschätzung dieser unvergessenen Frau«, und die Mitarbeiter einer entsprechenden, hilfsbereiten Abteilung meines Mikroelektronik-Betriebes druckten mir nebenbei fünfzig einfache, von mir selbst entworfene Plakate mit der Zeile: »IN MEMORIAM GRÄFIN COSEL«.

Währenddessen erarbeitete ich den Text für meinen Vortrag. Er verlangte von mir die volle Hingabe zum Thema, die mir nicht schwerfiel, war es doch mein eigener Wille, den es nunmehr gut und ansprechend auzuführen galt. Zum Schluß lagen zweiundzwanzig maschinegeschriebene Seiten vor, die schon der fleißigen Sekretärin, Frau Zickler, beim Abschreiben gefallen hatten.

Während des Literaturstudiums war ich wiederholt auf einen wichtigen Punkt gestoßen: die Alchimie und die Beziehung zwischen der Gräfin Cosel und Johann Friedrich Böttger, den zum deutschen Porzellanerfinder gewordenen »Aurifex« aus längst vergangenen Tagen. Es gelang mir in diesem Zusammenhang, die Staatliche Porzellanmanufaktur in Meißen für meine Idee zu gewinnen, den 308. Geburtstag der Gräfin Cosel mit einer gestifteten Vase aus Meißener Porzellan zu krönen. Aus Sicherungsgründen wurden dem Produkt zwar die blauen Schwerter ausgeschliffen, dennoch symbolisierte es in seiner ganzen Schönheit den Zeitpunkt der weltbewegenden Erfindung des europäischen Hartporzellans und vor allem die gegenseitige Wertschätzung der beiden gleichaltrigen Persönlichkeiten.

Mein Chemikerherz schlug höher, als ich das Prachtstück aus den Händen Frau Dr. Diefenbachs, der Leiterin des Büros des Generaldirektors, entgegennahm. Ihre Mitarbeiterin und Leiterin der Abteilung Presse/Protokoll, Bettina Schuster, schmiedete schon weitere Pläne mit mir, was den Wunsch der Manufaktur anging, zum bevorstehenden Jubiläum »250 Jahre Zwiebelmuster« eine umfassende Dokumentation des Zusammentreffens Böttgers mit der Gräfin Cosel auszuarbeiten. Vorerst jedoch übergab ich dem Archiv der berühmten Manufaktur eine Durchschrift meines Festvortrages.

Am 18. Oktober 1988 begab ich mich mit der Vase in die ehemalige Kapelle der Burg Stolpen. Zwischen den traurigen Mauerresten aus dunklem Basaltgestein wollte ich, vom Platz des früheren Altars aus, mit dem

Burg Stolpen, Kapellenruine mit Coselgrab und Meißener Vase
am 18. Oktober 1988

Blick auf das Grab der hier einstmals auf Befreiung aus
ihrem Elend hoffenden Gräfin Cosel eine Lanze für
sie brechen. Ungefähr einhundert Gäste hatten sich eingefunden. Unter ihnen waren zwei, die meinen unzen-
sierten Worten, offensichtlich auf besondere Weisung,

ganz in meiner Nähe konzentrierteste Aufmerksamkeit schenkten. Aber auch sie merkten bald, daß mein Engagement in dieser Feierstunde ganz allein der unverfänglichen Zuneigung zu dem die Besucher und mich fesselnden Opfer Augusts des Starken galt.

Auch mein Widersacher hatte sich eingefunden. Er wollte aus erster Hand hören, welche Argumente es waren, die mich veranlaßten, die Gräfin Cosel so uneingeschränkt zu verehren, deren Intellekt er bei seinen Führungen so wenig achtete.

Die Gesichter der Zuhörer waren erhellt, und ich bemerkte die geistige Übereinstimmung zwischen ihnen und mir schon, während ich noch sprach. Als meine Frau am Schluß meines Vortrags die Meißener Vase präsentierte und ich zu Spenden für ein künftig mit Blumen geschmücktes Coselgrab in würdiger Umgebung aufrief, merkte ich, daß zumindest im Moment der Durchbruch geschafft war. Fast alle, sogar die beiden Herren, die unfreiwillig gekommen waren, belohnten meinen Vortrag mit einem Geldstück für die Grabstätte, auf der zur Feier des Tages dafür am Ende die Meißener Vase stand.

Man konnte eine Stecknadel fallen hören, sagte meine Frau später, als ich dieselben Ausführungen am Abend im rustikalen Gasthof »Goldener Löwe« wiederholte. Wiederum waren gut einhundert Interessierte gekommen, diesmal vor allem Einwohner der Stadt Stolpen, die am Schicksal ihrer Festungsbewohnerin zur Blütezeit Sachsens Anteil nehmen und die näheren Umstände dieser Missetat erfahren wollten. Einige Lichtbilder von den Dreharbeiten zum Fernsehfilm »Sachsens Glanz und Preußens Gloria« in Stolpen, die der Burgverwalter Günter Kappler zeigte, sowie meine zehn Dias aus Depenau rundeten den Abend ab, den später sogar die örtliche Presse würdigte.

Wieso muß ausgerechnet ein Thüringer hier ein gerechteres Bild der Gräfin Cosel zeichnen und die Verehrung, welche sie verdient, auf uns Einheimische übertragen, blieb als Frage beim Abschied von den zufriedenen Besuchern meiner Veranstaltung. Mir offenbarte sie große Freude, denn nach den Gesprächen in Depenau zur Stellung der Gräfin Cosel im frühen achtzehnten Jahrhundert war mir, anläßlich ihres 308. Geburtstages, nunmehr sogar ein öffentlicher Ansatz zum Umschwenken in der allgemeinen Bewertung der mir so ans Herz gewachsenen historischen Frauengestalt gelungen.

Als unerwarteter Dank dafür bescherte sich mir in der Folgezeit die umfassende Kenntnisnahme des nachvollziehbaren Lebensweges der Gräfin Cosel entsprechend der Stationenbeschreibung Gabriele Hoffmanns. Beladen mit dem umfangreichen Wissen aus meinen Literaturstudien, suchte ich andere Stätten auf, die bedeutsam und erlebnisreich für die damals noch fröhliche und in Freiheit lebende Comtesse gewesen waren.

Ein glanzvoller Ort, geprägt von einer starken, zuletzt aber recht leidvollen Beziehung seiner damaligen Gutsherrin zu ihm, ist Pillnitz.

Die Suche nach Zeitzeugen

Pillnitz

Nicht nur für Coselfreunde bildet Pillnitz »*das anmutigste Kleinod im Kranz der Natur- und Kunstschönheiten*« rund um die Elbestadt Dresden. Hier bestätigt sich der Ausspruch des Philosophen: »*Die Vergangenheit birgt so viele Schönheiten, welche die Zukunft nicht herbeiführen kann.*«

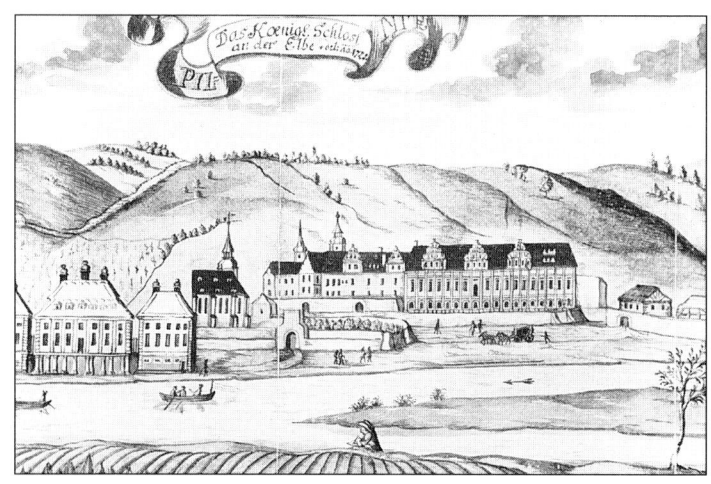

Pillnitz
Das königliche Schloß an der Elbe, Pinselzeichnung 1721

Schloß Pillnitz
Löwenkopfbastion mit Nachbildung einer Säule des Alten Schlosses

Der heutige Schloßkomplex in seiner gelungenen Vollendung läßt zwar keine bildhafte Vorstellung von dem früheren Rittergut mehr zu, wer jedoch so bewußt wie ich auf den Spuren der Gräfin Cosel wandelt, wird sich dennoch einer reichen Belohnung erfreuen können. Da wäre zunächst der Fluß mit der anmutigen Insel, die am eindrucksvollsten von der Löwenkopfbastion aus zu betrachten ist. Hier steht man auf den letzten Steinen des »Alten Schlosses«, in dem von 1707 bis 1715 Anna Constantia residierte. 1818 brannte es ab, seine Mauerreste mußten dem »Neuen Palais« weichen, und es existieren nur noch wenige Ansichten des verlorengegangenen Renaissancebaues, dessen einstige Ausmaße sein Double in Schönfeld, ganz in der Nähe von Pillnitz, zu erkennen ermöglicht.

Der Blick auf das heutige Naturschutzgebiet Elbinsel ist vermutlich nahezu unverändert erhalten geblieben. Zu damaliger Zeit, als der König mit seiner charmanten Begleiterin das Jagdvergnügen auf der Insel genoß,

Schönfeld bei Pillnitz
Renaissanceschloß

36

dürfte es nicht ganz einfach gewesen sein, den schnell-
fließenden Strom zu überqueren. Was mag August aber
empfunden haben, wenn er gedankenverloren aus einem
Fenster des gerade fertiggestellten Mittelbaus seines
Wasserpalais blickte, in jenem Sommer 1725 während der
Feierlichkeiten zur Hochzeit seiner Tochter Augusta Constantia von Cosel mit dem Grafen von Friesen?

Damals blühte und duftete es im Gärtchen der Mutter
unter ihrer Tafelstube drüben im Alten Schloß, und
Kommissionsrat Bucher erzählte seinerzeit von diesem
Fleckchen, daß man darin *»mit Spickandt und Lavendel
eingefaßte Rabatten«* sah, während *»auf dem mit Wachol-
der-Pyramiden besetzten Rasen [...] das Wasser einer
Fontaine fünf Ellen hoch«* sprang. Auch enthielt *»das
Gärtchen ein durch Lattenwergk verwartes Vogelhäuschen
sowie eine von veritablem Jasmin hergestellte Laube, ...
der Himmel mit pfirsichblüth-farbenem oder zinnober-
rotem Jelängerjelieber bewachsen«*, die *»in Sommerszeit
den lieblichsten Geruch von sich«* gab.

Leider ist davon heute nichts mehr zu finden, lediglich die beschnittenen Heckengärten, die Charmillen,
sollen schon zur Coselzeit angelegt worden sein.

Als ein Stück Erde von besonderer Bedeutung kann
der Platz zwischen Wasser- und Neuem Palais im
Bereich des Einganges zum Lustgarten gelten. Hier
stand bis 1723 die alte Pillnitzer Schloßkirche. Zur Herr-
schaftszeit derer von Loß über den Gutsbesitz erfuhr
sie - wie alle Kirchen Sachsens - die Reformation, bis sie
der katholisch gewordene August der Starke abreißen
ließ. An ihrer Stelle entstand der »Venustempel«, ein
größeres sechseckiges Gebäude aus Holz, das mit Bild-
nissen schöner Frauen ausgestattet gewesen sein soll.
Als Widerpart hatte der heidnische Tempel freilich eine
kleine katholische Kapelle neben sich zu dulden. Die
protestantischen Untertanen der Umgebung forderten

allerdings mit Nachdruck einen Ersatz für ihr alt-ehrwürdiges Gotteshaus, das auch für die Gräfin Cosel als eine Stätte fundamentaler evangelisch-lutherischer Verkündigung gegolten hatte. Und so beauftragte der Kurfürst seinen Hofbaumeister Pöppelmann mit der Planung einer neuen Kirche in »La Collas Weinberg«. Billig mußte das Bauwerk allerdings werden, und so kam das meiste Baumaterial vom Abriß der Schloß-kirche an den idyllischen Weinberghang. Welch ein Glück für uns heute!

Diese Zusammenhänge kennend, begab ich mich auf den Weg zur Weinbergskirche, um den wertvollen Altar des Bildhauers Kretzschmar von 1648 sowie Taufstein

Pillnitz
Weinbergskirche „Zum Heiligen Geist"
Zustand 1990

Pillnitz
Weinbergskirche „Zum Heiligen Geist"
Altar von Johann Georg Kretzschmar, 1648

und Kanzel aus der Zeit der Schloßkirche anzuschauen. Auch die alten Epitaphe der einst in ihrer Kirche an der Elbe beigesetzten Pillnitzer Feudalgeschlechter derer von Loß und von Bünau galt es zu inspizieren. Ihre Gebeine sollen 1723 in eine vermauerte Gruft unter der schmucken Eingangstreppe überführt worden sein.

Nun stand ich mittendrin in dem offenen, innen völlig verwahrlosten Kirchlein und betrachtete den wundervollen Altar. Zwar war der Kopf eines Jüngers Jesu in der großartig aus dem Sandstein herausgearbeiteten Abendmahlsszene mutwillig zerstört worden. Aber bei dem gerade einfallenden Sonnenlicht strahlte das noch erhaltene unvergleichliche Meisterwerk aus der Endzeit des Dreißigjährigen Krieges in höchst beeindruckendem Glanz.

Ich dachte an die Gräfin Cosel, die vor 280 Jahren denselben Anblick wahrgenommen haben mußte, und versuchte, ihre Empfindungen nachzufühlen. Als glückliche Gutsherrin hatte sie einst ihre erste Begegnung mit diesem steinernen Zeitzeugen gehabt, wenn sie allsonn- und -feiertäglich dem Hofprediger Johann Christoph Rüdinger zuhörte, der die Worte seiner Predigten sicher ganz besonders an die von ihm hochgeschätzte, später verehrte Dienstherrin richtete. Und während der Verbannung wird die unglückliche Gräfin manch erschütterndes Gebet der Hoffnung an gleicher Stelle gesprochen haben. Wieder wünschte ich mir, die Sprache der Steine hören und verstehen zu können.

Als ich den Ritter Christoph von Loß auf seiner Grabplatte von 1609, die ihren »neuen« Platz hinter dem Altar gefunden hat, betrachtete, meinte ich, der lebensgroße, meisterhaft aus dem Stein gehauene Erbauer der alten Schloßkirche und einstige Reformator von Pillnitz, angetan mit steinerner Rüstung, sehe mir streng in die Augen. Seit fast 400 Jahren konnten Betrachter davor »Gänsehaut« aufkommen lassen, also auch 1715. *»Die Züge des Kopfes [...] offenbaren eher Erwerbssinn und Freude am derben Lebensgenuß, als daß sie geistige oder gar künstlerische Neigungen erkennen lassen«*, bemerkt Hans Günther Hartmann 1981 über das beeindruckendste Epitaph der Kirche.

Die Schloßherrin und Besitzerin des Rittergutes Pillnitz in der Zeit vor dem Abriß der Schloßkirche war eine fleißige und geachtete Geschäftsfrau. Ihre strahlende Erscheinung, gepaart mit einem aufrechten Charakter, wurde auch von den Untertanen geschätzt. Aus den Aufzeichnungen des Pillnitzer Hofpredigers Rüdinger von 1723 entnahm Ingo Zimmermann folgende bemerkenswerte Beschreibung der Gräfin Cosel:

»Für eine Mätresse des Königs Sympathie zu haben, verbietet mir mein geistlicher Stand. Aber Anna Constantia war wunderschön, sie war bezaubernd. In ihr war unserem Schöpfer, der das weibliche Geschlecht aus der Rippe Adams gemacht hat, ein Meisterstück gelungen. Und was an dem Verhalten dieser Frau auch tadelnswürdig gewesen sein möge, ich habe Gottes vollkommenes Weibsbild in ihr bewundert, so wie ich einen hell strahlenden Stern am Firmament bewundere.

Anna Constantia trug einen herzförmigen Rubin an einer Kette um den Hals. Ihre großen schwarzen Augen waren munter und lebhaft. Meist waren sie zärtlich und voll Wärme auf den König gerichtet.«

Obwohl ich diese Beschreibung ihrer eindrucksvollen Erscheinung erst Ende 1989 las, stellte ich sie mir doch schon früher, zwischen den steinernen Zeugen ihres Lebens und Leidens stehend, genauso vor. In meiner Traumvorstellung sah ich sie schluchzend am alten Taufbecken neben mir stehen. Sie weinte bitterlich, denn August verlangte die Rückgabe des geheimen Eheversprechens von ihr und forderte jene Urkunde wieder ein, die ihre Ehre vor dem Gesetz und der Öffentlichkeit abgesichert hatte.

Welch böse Mächte hatten dies fertiggebracht? Liebe verwandelte sich in Blindheit und Wut, ein Gefühlsumbruch, den ich nicht verstand und der mir fremd war.

Ich bestieg den Turm des hübschen Kirchleins, vorbei an der ausgeplünderten Orgel und den zerschlagenen Fenstern. Eine der Glocken stammte noch aus dem siebzehnten Jahrhundert. Ich schlug sie an. Ihr Ton war unverändert derselbe wie vor 280 Jahren. Mit ihm war schon damals die kleine Gemeinde am Ufer der Elbe zum Gebet gerufen worden: Gutsherrin und Untertanen vor Gott vereint. Heute läutet sie nicht mehr, die Kirche ist aufgegeben worden und hat ihre Aufgabe verloren, Seelsorge zu praktizieren.

Mit einer wilden Feuerstelle nahe am verstaubten Gestühl verriet sich ein das Kirchlein gefährdendes, zerstörerisches Rowdytum. Die Gleichgültigkeit mancher Einwohner, die ich in der »Weinbergsschänke« daraufhin ansprach, verblüffte mich, und ich faßte den Entschluß zu versuchen, weiteren Schaden von dem scheinbar unbeachteten Bauwerk abzuwenden. Das Andenken an die Gräfin Cosel beflügelte meinen Enthusiasmus, und so schrieb ich, wieder zu Hause, einen beherzten Brief an den Minister für Kultur der DDR.

Ich hatte nicht erwartet, aus Berlin ein so positives Echo zu empfangen. Der damalige Staatssekretär im Kulturministerium und spätere Minister, Dr. Dietmar Keller, setzte sich persönlich für die Rettung der Kirche mit ihrem unschätzbar wertvollen Inventar ein und würdigte meine *»Hinweise zur Korrektur der weithin verbreiteten Auffassungen über die Rolle der Gräfin Cosel am sächsischen Hof [...] mit großem Interesse«.* Später berücksichtigte man mein Engagement, wenn auch merklich kühler und eben nur der Obrigkeit verpflichtet, bei der Planung notwendiger Sicherungs- und Restaurierungsarbeiten. Auf der Stelle erfolgte jedenfalls der Verschluß des Gebäudes und die Verbarrikadierung der zum Einstieg verlockenden Fensterreihen. Bei einem späteren Besuch in Pillnitz freute ich mich darüber, daß meine spontane Unduldsamkeit für den Schutz der Weinbergskirche mit diesem Erfolg belohnt worden war.

Eine besondere Affinität zum Königreich Dänemark

Um die Jahreswende 1988/89 bewog mich eine logische, trotzdem aber außergewöhnliche Idee, erneut an die DDR-Staatsführung zu schreiben, woraus sich in der Folge für mein weiteres Leben eine ganz neue Qualität ergab. Ob ein alter Kupferstich jemals eine derartige Lawine auszulösen imstande war? Für mich erlangte er jedenfalls die höchste Bedeutung.

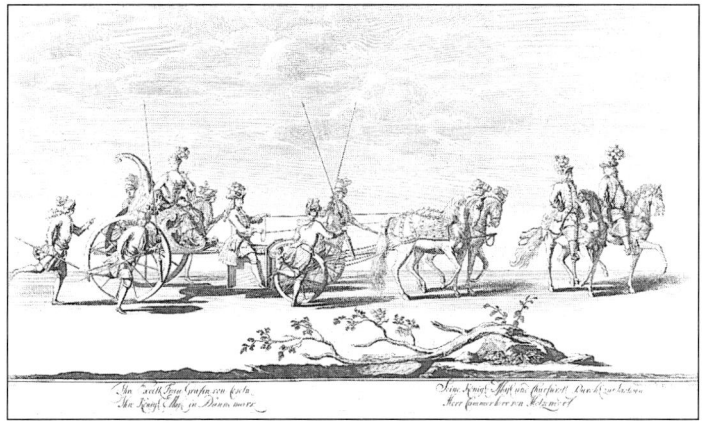

König Frederik IV. von Dänemark und August der Starke
beim Damenringrennen 1709
Kupferstich von Johann Georg Wolfgang aus dem Jahre 1718
nach einer Zeichnung von Johann Samuel Mock

Im Jahre 1718 hatte Johann Georg Wolfgang nach einer Zeichnung Johann Samuel Mocks die Motivszene des im Sommer 1709 veranstalteten Damenringrennens in Dresden gestochen, auch das Gespann der Gräfin Cosel war dabei. Der Druck, dem dieser Stich zugrunde liegt, stellt eine authentische Skizze der Gräfin Cosel dar und ist der einzig erhaltene Versuch einer Abbildung aus ihrer Glanzzeit. Der Wagen der Gräfin wird vom damaligen dänischen König Frederik IV. gelenkt, anläßlich dessen Staatsbesuches die Festlichkeiten stattfanden. August der Starke reitet dem Gefolge als Repräsentant seines Staates voraus, einen Kammerherren an seiner Seite. Auch der Stolz auf seine schöne und geistvolle Geliebte ist ihm anzusehen.

Dänemark, die mächtige Monarchie am Øresund von der auch die Heimat Constantias regiert wird, und Kursachsen, zwei Königreiche von europäischer Geltung, werden auf dem historischen Kunstwerk in freundschaftlicher Einigkeit dargestellt, und beide Staatsoberhäupter huldigen der Gräfin Cosel – eindrucksvolles Dokument vom Höhepunkt im Leben dieser ausergewöhnlichen Frau. Die bekannte Szene gilt als der bedeutendste direkte Zeitzeuge ihres Lebens.

Weil der Kupferstich erst 1718 entstand, zwei Jahre nach der grauenvollen Arretierung der auf ihr dargestellten Hauptperson in Stolpen, nahm ich an, daß im heutigen Dänemark kein originaler Druck davon existiert. Die Schmach des Erinnerns an seine 1709 der Weltöffentlichkeit präsentierte irdische Venus, deren Begünstigung der Polenkönig in plötzliche Gefangenschaft verwandelte, wird August der Starke gegenüber seinem Vetter und politischen Verbündeten Frederik nicht auf sich genommen haben, dachte ich. Folglich könnte man dies jetzt nachholen, zumal der dänische Ministerpräsident Poul Schlüter der DDR erst kürzlich einen offiziellen Besuch abgestattet hatte.

Und so schrieb ich ganz locker und mit sprühender Begeisterung an das Sekretariat des Zentralkomitees der SED in Berlin über meine Auffassung vom Wert und der Bedeutung des auf dem Kupferstich Dargestellten für unsere beiden Länder. Mitreißend und überzeugend müssen meine Ausführungen dort auf die Mitarbeiter der dafür zuständigen Protokollabteilung gewirkt haben, denen meine Idee gefiel, so daß man mir mitteilte, man wolle bei passender Gelegenheit einen Nachdruck jenes Zeitzeugen einstiger politischer Verbundenheit als Staatsgeschenk ins Auge fassen. Im Vorfeld der Anfertigung einer Expertise durfte ich sogar an dem Vorhaben mitwirken. Unter dem Aspekt des damals ständig propagierten sogenannten »Demokratischen Zentralismus« stellte meine Idee wohl ein praktikables Beispiel vorzeigbarer Akzeptanz eines Vorschlags von unten durch die Oberen dar. An solch eine »Leistung« anknüpfend, könnte ich den vorsichtigen Versuch wagen, selbst einmal auf dem von mir des öfteren vom Ostseestrand aus erspähten skandinavischen Territorium den Spuren meines Idols zu folgen, überlegte ich. Nachdem ich überrascht und erfreut festgestellt hatte, daß durch meinen Vortrag zum 308. Geburtstag der Gräfin Cosel auch bei interessierten Personen in hohen Amtsfunktionen ein total unpolitischer Gleichklang mit meinen Auffassungen bestand, stellte ich den waghalsigen Antrag, den bevorstehenden runden Geburtstag meiner Großtante in Flensburg offiziell über den Umweg Dänemark anzupeilen.

In einem langen Brief legte ich meine wirkliche, tief verankerte Heimatliebe dar, schilderte aber auch wahrheitsgetreu, wie sehnsüchtig ich bei meinen Ostseeurlauben in Warnemünde der mir versperrten Eisenbahnfähre in Richtung Gedser stets nachschaute. Daß ich schon als Kind die Dänen beneidet hatte, die uns gegenüber beim Sonnenbaden der natürlichen Landneigung entsprechend »richtigherum« am Meer liegen konnten, weil die Sonne für sie übers Wasser schien, schrieb ich natürlich nicht. Dies allerdings auf Møn selbst auszuprobieren, einer Insel, die sich einst im Besitz der mütterlichen Vorfahren der Gräfin Cosel befand und die ich von Kap Arkona auf Rügen oder der

Insel Hiddensee aus oftmals erkannt haben wollte, ohne sie in Wirklichkeit gesehen zu haben, nahm ich mir in Gedanken schon vor.

Nur ein ehemaliger DDR-Bürger wird je verstehen können, zu welchen Reaktionen die kurze Antwort aus Berlin mit dem Hinweis: »*Was Ihre Reise betrifft, so sollten Sie die für sich <u>selbst</u> beantragen*« Anlaß war. Daß ich die <u>halbe</u> Welt hätte umarmen können und mit meiner Frau, der der Ausflug verwehrt blieb, übermütig durch unser Wohnzimmer tanzte, konnte unter diesen Umständen als ein völlig normaler Ausbruch der Gefühle angesehen werden. Daß aber ein hoher Reichsbahnbeamter in Erfurt auf die Frage nach den Möglichkeiten einer Fahrradkarte nach Kopenhagen antwortete: »Nehmen Sie lieber mich mit; ich trage Sie durch die dänische Hauptstadt«, war schon bezeichnend für eine so seltene Ausnahmeregelung. »Liebe Freunde«, die mich nicht richtig kannten und meine Verehrung für die Gräfin Cosel eher belächelten, vermuteten hinter vorgehaltener Hand mitunter sogar Stasi-Kontakte.

Meine Freunde und Nachbarn Gabi und Helmut Staff trafen den Nagel auf den Kopf mit einem Gedicht, das sie mir im März 1989 zum vierzigsten Geburtstag vortrugen. Den lieblichen Reigen dreier mich mit sanfter Rührung umgebenden großartigen Frauen umschrieben sie vortrefflich. Heiter hörte ich im Freundeskreis ihre geschätzten Worte über meine Frau und unsere Tochter Corona, an dritter Stelle poetisierten sie: »Die Cosel, leider schon im Sarg, steht hoch in seiner Gunst. Sie bringt ihn gar nach Dänemark, das ist die wahre Kunst!«

Natürlich stellte man mich staatlicherseits auch auf die Probe, inwieweit mein Anliegen wirklich aus ehrlichem Herzen kam. Die Erfurter Ausreisebehörde beantwortete meinen inzwischen abgegebenen Antrag auf einmalige Ausreise dahingehend, daß man den Reiseanlaß zum Geburtstag der Großtante wegsteckte und mir den Dänemarkabstecher nur sofort, das heißt mitten im Winter, genehmigen wollte. Mit einer Offenheit gegenüber der resoluten Mitarbeiterin, die ich mir bis dahin selbst nicht zugetraut hatte, lehnte ich dies jedoch strikt ab, weil ich meine Familie im Winter selbstverständlich nicht mit der Heizung unserer Wohnung allein ließe und mich außerdem die Möglichkeit ängstige, daß die Ostsee zufrieren könne und ich dann als einziger zwischen den Menschenmassen aus der DDR in entgegengesetzter Richtung über das Eis liefe. Die Polizistin reagierte mit lustiger Miene.

Eine zeitgeschichtlich bedeutungsvolle und ebenfalls heitere Begebenheit ist noch erwähnenswert. Mit meinem für drei Tage gültigen dänischen Touristenvisum im Reisepaß begab ich mich zur Fahrkartenausgabe der Deutschen Reichsbahn. Mein ausgesuchtes Reiseziel für die Hinfahrt sollte Helsingør sein, von dort zurück über Flensburg, Schleswig, Braunschweig, Magdeburg nach Erfurt. Helsingør fand die junge Eisenbahnerin nicht auf ihrer Liste, nur Helsingborg. Weil ich natürlich insgeheim sowieso einen kleinen Abstecher über den Øresund eingeplant hatte, sagte ich ihr: »Egal, die paar Kilometer machen mir nichts aus, geben Sie mir die Karte halt so«. Hinter mir wartete eine »Schlange« unruhiger Reiseanwärter, so daß ich mit kribbliger Nervenanspannung die zuvor nicht erahnte offizielle und für mein eigenes Geld erworbene Fahrkarte bis nach Schweden frohgelaunt entgegennahm.

Nun konnte eine Reise beginnen, die noch ein gutes halbes Jahr zuvor unmöglich erschien, und die ich mir frühestens als Pensionär erträumt hatte. Sie war ein Geschenk der Gräfin Cosel an mich.

47

Zwei DDR-Bürger saßen in dem einen Wagen, der in Warnemünde vom Schnellzug Berlin–Kopenhagen abgekoppelt und nach ausgiebiger Kontrolle in die Fähre »Warnemünde« hineinrangiert wurde. Die andere Ostdeutsche war Rentnerin. Aufgeregt mußte ich nun gleich um mein Fahrrad bangen, dessen Beförderungsschein nur bis hierher galt. Keiner durfte den Reisewagen an Land verlassen, und so blickte ich traurig zum Bahnhof Warnemünde zurück, auf dessen Gleisen noch der Gepäckwagen mit meinem Rad stand. Der Zollbeamte schien ein Herz für mich zu haben, denn er beauftragte schließlich einen Untergebenen, mein für mich so wichtiges Reisegefährt auf das Schiff zu schieben. Von dort brachte ich es später selbst in meinen Personenwagen.

Das erstemal in meinem Leben befand ich mich auf einem Fährschiff, noch dazu auf dem schönsten, das je in meinen Träumen vorgekommen war. Nach Dänemark ging es hinüber, über meine geliebte Ostsee hinweg. Gleich zu Beginn geschah wiederum etwas Außergewöhnliches. Mit einer eigens für diesen Zweck genähten kleinen dänischen Fahne bestieg ich das Deck des Schiffes und winkte beim Auslaufen aus dem Fährhafen Warnemünde den vielen Urlaubern auf der Mole damit zu. Wie oft hatte ich da unten gestanden und dem Riesenschiff traurig nachgeschaut.

Meine Chefin Hannelore Uschner aus Erfurt stand am »Teepott«, erzählte sie später, aber ich sah sie nicht, so sehr mußte ich heulen. Es waren Freudentränen, die in die Ostsee fielen.

Kein Däne in seinem Stolz würde vor dem Dresdener Zwinger mit einer anderen Flagge als seinem Danebrog jubeln, dachte ich, und begriff an Ort und Stelle erst richtig, wie tief das Nationalbewußtsein eines Ostdeutschen gestört war. Doch die Freude auf Dänemark und die außergewöhnliche Situation erklärten auch dies.

Ich war der einzige an Deck, und ich sah meine vertraute mecklenburgische Küstenlandschaft langsam verblassen. Die Wassermoleküle des Meeres, die unser weißes Schiff federleicht über die ruhige Oberfläche trugen, leuchteten blaugrün in der strahlenden Sonne, und der sie betupfende feinverteilte Gischt in der zurückbleibenden Spur wirkte wie ein sich langsam lösendes Band zwischen mir und meiner Heimat.

Ich drehte mich um, denn schon bald näherten wir uns dem Königreich Dänemark. Inzwischen wissen es Tausende Ostdeutsche gleich mir, wie erquickend der Anblick des hübschen Fährhafens Gedser auf das Gemüt wirkt. Als zaghaft losgelassener Pionier in skandinavischen Hoheitsgewässern kam ich steuerbordseits kaum aus dem Staunen darüber heraus, wie schon hier das andere, das nordische Licht auch die südlichste Spitze der dänischen Insel Falster paradiesisch verzauberte.

Polternd wurde unser Eisenbahnwagen nun auf das ersehnte Land des Hans Christian Andersen gezogen und an den sauberen roten Schnellzug nach Kopenhagen angehängt. Vorbei an rotierenden Windrädern schlängelte sich der Zug durch malerisch sattgrüne Wiesen mit den vereinzelten schmucken Gehöften und kleinen Ansiedlungen. Erwartungsvoll registrierte ich die Überfahrt auf Seeland und bestaunte die große Farøbrø in der Ferne, den Verkehrsknotenpunkt zu meiner Trauminsel Møn. Wie klein erschien mir auf einmal der Rügendamm im Vergleich zu den Storstrømsbroen, über die wir Falster verließen.

Erwartungen anderer Art, verbunden mit viel Geläch-
ter, wurden zur gleichen Zeit in Kopenhagen gehegt.
Dort begaben sich Barbara, Karsten, Luise, Nis, Maja
und Nana zum Hovedbanegården (Hauptbahnhof) und
rätselten, wie wohl der erwartete »Herr Unger« aus-
sehen möge. Barbara, die Schwester einer von mir sehr
geschätzten Erfurter Diplom-Biologin, war zusammen
mit ihrer Tochter Luise vier Wochen zuvor aus Ost-
berlin hierher zu ihrem dänischen Ehemann Karsten
übergesiedelt. Wir kannten uns noch nicht, deshalb
wird es in meinem Leben bestimmt ohne Vergleich
bleiben, mit welch großer Freude, ja Überschwenglich-
keit mir der Empfang in Kopenhagen versüßt wurde.
Das Kichern von Karstens Zwillingstöchtern hat mir
später zum Kompliment gereicht, denn die Vorstellungen, welche die kleinen Däninnen von ihrem merk-
würdigen Gast aus Thüringen hatten, ausgelöst sicher
auch durch die streng honoratiorische Anrede »Herr«,
lösten sich in der Realität zum Glück für mich in Nichts
auf, und schnell wurde ich in den Augen der beiden
Mädchen um die mir gebührenden Jahrzehnte ver-
jüngt. Karsten, ein begabter Grafiker und begeisterter
Schulhorterzieher, hatte seinen Kindern die Geschichte
der Gräfin Cosel erzählt, in dänisch, der zweiten Mutter-
sprache Constantia von Brockdorffs.

Im Sommer des Jahres 1699 war sie zweimal hintereinander in Kopenhagen gewesen. Sophie Amalie, die
Prinzessin von Holstein-Gottorp und Cousine Augusts
des Starken, reiste vor 290 Jahren mit ihrem Hofstaat,
zu dem auch das neunzehnjährige Hoffräulein Constantia gehörte, von Wolfenbüttel nach Stockholm. Auf der
Hinfahrt konnte die Prinzessin hier noch ihren und

Augusts Onkel König Christian V. besuchen. Der Rückweg von ihrem und des sächsischen Kurfürsten weiteren Cousin, König Karl XII. von Schweden, erforderte einen längeren Aufenthalt auf Seeland. Christian V. war gestorben, und sein Sohn Frederik IV. bestieg den dänischen Königsthron. Die Krönungsfeierlichkeiten fanden auf Schloß Frederiksborg statt, die Beisetzung Christians V. erfolgte im Dom zu Roskilde. Diese zwei Kulturdenkmale, wichtige Stationen im Leben der Gräfin Cosel, sind in ihrer ursprünglichen Form nahezu unverändert erhalten geblieben und repräsentieren bis heute die Glanzseite der dänischen Geschichte.

Als christlich motiviertem Menschen bewies sich mir erst im nachhinein die Vorsehung im menschlichen Leben, an die ich immer geglaubt hatte. Das Zusammentreffen mit Barbara führte uns beide zu einer gelungenen Symbiose: sie, eine sprachsichere, aufgeschlossene junge Wahldänin mit ostdeutschem Paß, und ich, der auf solch eine außergewöhnliche Kurzreise perfekt vorbereitete Spurensucher aus dem gleichen Staat. Wie der berühmte und uns Ostdeutschen gut bekannte Däne Egon Olsen entfaltete ich ihr meine Pläne, die auch Barbara anspornten, ihr kulturelles Fachwissen über die neue Heimat praktisch zu vertiefen. Nach ausgiebigen Fahrten mit unseren Fahrrädern durch die lebendige Hauptstadt am Øresund, bei denen ich die echt dänische Mentalität kennenlernte, schnürten wir beide unsere Rucksäcke, um für einen vollen nordischen Sommertag nach Schloß Frederiksborg aufzubrechen. Karsten hatte innerhalb seiner Familie freundliches Verständnis für unseren gemeinsamen Ausflug in die Vergangenheit und belohnte uns am Abend sogar mit einem dänischen Menü der Superlative.

Voller Erwartungen entstiegen wir am frühen Vormittag in Hillerød dem Vorstadtzug aus Kopenhagen.

Frederiksborg, das aus rotem Ziegelstein direkt in einen See hineingebaute Renaissanceschloß, beherbergt heute das dänische Nationalmuseum. Jahrhundertelang residierten in der beeindruckenden, mehrflügeligen, in sich geschlossenen und durch zwei Höfe festungsartig verbundenen Schloßanlage die dänischen Könige, bis man von hier nach Schloß Amalienborg in Kopenhagen auswich. Weithin leuchteten die patinierten Kupferdächer des mit Türmen verzierten Kastells. Ehrfurchtsvoll näherten wir uns dem Denkmal Frederiks des VII., das am Seeufer steht und die Silhouette des unter der Herrschaft Christians IV. vollendeten Schlosses wirkungsvoll akzentuiert. Hier mußte ich Barbara umarmen. Mit einem in dänisch kaum noch gebräuchlichen, aber treffenden Wort brachten wir unsere Eindrücke auf einen gemeinsamen Nenner: Das skæppeskøn aus meinem dänisch-deutschen Wörterbuch für »herrlich, wunderbar« war von nun an unser Schlagwort, wenn wir etwas von extremer Schönheit beschreiben wollten.

Hillerød, Dänemark
Schloß Frederiksborg

Schloß Frederiksborg
Eingang zur Schloßkirche

Echt skandinavisches Sommerwetter war unser
Begleiter, als wir durch das gewaltige Eingangsportal
zum ersten Schloßhof schritten. Leichter Wind schob
die großen weißen Kumuluswolken am blauen Himmel
vor sich her, während ich ein Stückchen Basaltgestein
in den großen Neptunbrunnen warf, das ich aus Stolpen
mitgenommen hatte, um damit die beiden besonderen
Stationen im Leben der Gräfin Cosel symbolisch mit-
einander zu verbinden. Mit stillen, freundlichen Worten
gedachte ich des einst so blühenden jungen Hoffräuleins Constantia, deren Weg wir in diesem Moment
kreuzten, ehe wir uns auf den Weg durch eines der
schönsten Königsschlösser Europas machten. Wo wird

sie 1699 mit Sophie Amalies Hofgesellschaft bei der prunkvollen Krönungszeremonie in der dafür hergerichteten Schloßkirche gestanden haben? Als ich das architektonische Kleinod betrat, versuchten meine Augen jenen Platz auszumachen. Der wunderbare Klang feierlicher Orgelmusik aus dem Originalwerk Esaias Compenius von 1610 sorgte für einen festlichen Empfang. Alle dänischen Könige waren seither bei dieser Orgelmusik gekrönt worden. Insbesondere meiner Begleiterin Barbara hatte es der akustische Zeitzeuge von 1699 angetan. Ich weiß es nicht mehr genau, aber eine Stunde wird es gewesen sein, die wir staunend und lauschend in der für Dänemark bedeutenden protestantischen Kirche verbracht haben, die meiste Zeit neben der Orgel auf der Empore.

Der Hofstaat der zur Erbprinzessin von Braunschweig-Wolfenbüttel avancierten Holsteinerin Sophie Amalie wird im zweiten Block rechts oder links hinter den in der Erbfolge näheren Verwandten Frederiks IV. gestanden haben, vermuteten wir. Ob August der Starke und dessen Mutter (Christian V. war der Bruder Anna Sophies) im Sommer 1699 auch in Frederiksborg weilten, ließ sich an Ort und Stelle nicht ermitteln, könnte aber wahrscheinlich sein. Zu vielsagenden Blickkontakten zwischen dem sächsischen Kurfürsten, seinem Cousin Frederik IV. und dem Fräulein von Brockdorff dürfte es hier noch nicht gekommen sein. Dazu war die Zeit noch nicht reif. Erst zehn Jahre später lag in Dresden einer der Regenten dieser faszinierenden Ritterstochter zu Füßen, und der andere beneidete ihn darum.

Schloß Frederiksborg ist beredtes Zeugnis für Glanz und Macht der ältesten europäischen Monarchie. Für jeden Dänenkönig sind Extraräume eingerichtet. In ihnen werden die Verdienste des jeweiligen Monarchen gewürdigt, die er sich für sein Vaterland und darüber hinaus erworben hat. Wir waren entschlossen, unsere packende Overtüre aus der Krönungskirche des Schlosses in die Zeit Frederiks IV. hinüberzutragen, und ließen beim Rundgang durch die prachtvollen Gemächer mein Hauptziel nicht aus den Augen. Und davor standen wir nun.

Eine Marmorbüste Frederiks IV. und zwei Gemälde zieren den Raum, der diesem König gewidmet ist. Auch das unter seiner Regierung entstandene Schloß Fredensborg, die bis heute von Königin Margarete II. genutzte Sommerresidenz des dänischen Königshauses, findet hier seine geschichtliche Verankerung. Mehrere Kriegsszenen aus dem Nordischen Krieg von 1700 bis 1721 konnte ich nicht deuten, sie waren zu speziell, und ein Fachhistoriker bin ich ja wirklich nicht. Ich fand dieselben Darstellungen später auch auf

Dänisches Nationalmuseum
Schloß Frederiksborg
Büste König Frederik des IV.

seinem Sarkophag wieder, es müssen demnach für Dänemark wichtige Ereignisse gewesen sein. Auch meine neugierige Frage nach dem Kupferstich aus Dresden konnte ich mir nunmehr beantworten. Der beste künstlerische Zeitzeuge dänisch-sächsischer Verbundenheit, der Auskunft gibt über die politischen Verknüpfungen von 1709 im Zeichen des Spieles mit einer großartigen Frau, fehlte im dänischen Nationalmuseum, und meine Vermutung bestätigte sich.

Gleich jedem anderen Schloßbesucher sahen wir aus den Fenstern und genossen die Schönheit der Umgebung, den Gleichklang von Bauwerk und Natur in vollen Zügen, ja wir sogen die malerischen Bilder von der Peripherie Hillerøds geradezu in uns hinein. Erst jetzt fiel uns auf, daß es draußen inzwischen in Strömen regnete, ein guter Grund, unseren Rundgang zu verlangsamen. Allmählich machte sich auch Hunger bemerkbar, und wir gestatteten uns in gesunder skandinavischer Regenluft unter den Arkaden des Königspalastes auf einer gemütlichen Bank die längst fällige Verschnaufpause. Während wir unsere selbstgemachten Smørebrøds genossen, bedachte ich beim Blick in den zweiten Schloßhof die damalige Etikette einer genau festgelegten Rangfolge bei solchen Staatsempfängen und die Belebung des ganzen Zeremoniells mit Nebenfiguren unterschiedlichster Art. Wie mußte sich dazumal eine fein erzogene Hofdame verhalten? War ihr Benehmen im Rahmen engster Grenzen vorprogrammiert? Ich sah vor meinem inneren Auge manch aufmerksamen Blick eines an der Staatszeremonie uninteressierten, allein zur unbedingten Anwesenheit verpflichteten jüngeren Prinzen oder höhergestellten Gefolgsmannes, der die Gelegenheit vor allem dazu nutzte, die holde Weiblichkeit zu mustern und womöglich verheißungsvolle Reaktionen im Gesichtsausdruck dieser oder jener Schönheit einzufangen. Ein Zeugnis solcher Blickkontakte von der neunzehnjährigen Constantia aufzuspüren, war bei meinem Besuch gewiß nicht möglich. Dennoch wurden meine Gedanken auch hier von den lebensnahen Ausführungen Gabriele Hoffmanns geleitet, die zum Verständnis jener Zeit vor 290 Jahren eine ausgezeichnete Hilfe darstellten.

Das Finale in Schloß Frederiksborg gestattete ich mir wiederum in der großartigen Krönungskirche. In einer stillen Andacht auf einem der mittleren Plätze verband ich meinen Aufenthalt hier mit den Ereignissen vergangener Zeiten. Zufrieden über mein bisheriges Dasein in Gottes Universum steckte ich die Sonderprägung eines Fünfmarkstückes der DDR, geziert mit dem Wallpavillon des Dresdner Zwingers, in den Opferstock dieser wunderbaren Kirche, und mein Leben lang werde ich darüber mein Gedächtnis abfragen können. Daß wir den Abend dann zu Hause bei Karsten, plaudernd und Carlsberg Øl trinkend, ausdehnten, bis wir vor Müdigkeit umfielen, versteht sich von selbst.

Jeder Besucher der dänischen Hauptstadt Kopenhagen wird dort irgendwo ein Plakat der Dänischen Staatsbahn DSB finden, das für »The Danish Way to Sweden« wirbt, eine Schlagzeile der DSB ferry lines Helsingør-Helsingborg. Wiederum wird nur ein bis dahin vor solchen Hinweisen abgeschirmter Ostdeutscher die extreme Spannung verstehen können, welche die Realisierung eines solchen, an sich lapidaren Vorhabens begleiten mußte. Die Überquerung des Øresunds bei Helsingør am 8. Juni 1989 wird als unauslöschbarer, faszinierender Vorgang in meiner Erinnerung gespeichert bleiben.

Mit meiner Fahrkarte aus Erfurt bestieg ich die S-Bahn Kopenhagen–Helsingør. Die Fahrt entlang des Øresunds, wenn man rechts aus dem Fenster schaut, gleicht einem Film. Immer wieder kann man seine Blicke weit auf die Ostsee hinaus und über die Meeresstraße hinweg nach Schweden schweifen lassen. Am Horizont erscheint Malmø, das Gegenüber von Kopenhagen, zum Greifen nah liegt bei der Ankunft in Helsingør das Gegenüber Helsingborg. Hier steht die berühmte dänische Bastion Kronborg als Vorposten einstiger Seeoberhoheit an der Grenze der Ostsee hin zum Kattegat. Als Schonen in Südschweden noch zum Königreich Dänemark gehörte und demzufolge auch

Helsingborg dänisch war, passierte kein noch so weit dahergekommenes Schiff die Einfahrt zur Ostsee, ohne zuvor dem dänischen Zoll Tribut gezahlt zu haben. Dies war jedoch vor der Zeit, als 1699 die braunschweigisch-wolfenbüttelsche Hofgesellschaft um Sophie Amalie die Meeresenge bei Helsingør nach Schweden hin überquerte. Barbara und ich wollten es nunmehr dieser Gesellschaft gleichtun, ebenso zum erstenmal im Leben wie einst das Fräulein von Brockdorff. Aber zunächst galt unser Besuch der altgedienten Wehranlage des Schlosses Kronborg. Ähnlich dem Kyffhäuser in meiner thüringischen Heimat mit seiner urdeutschen Verbindung zu Kaiser Barbarossa ist Kronborg für Dänemark von hohem nationalen Wert. Holger Danske wacht in den Kasematten der Festung über das Wohl seines geliebten Volkes. Die näheren Umstände früherer Haftbedingungen neben ihm sollte man lieber nicht genauer überdenken; sehr brutal hat man seinerzeit die Macht über den Øresund ausgeübt. Oberirdisch bot Schloß Kronborg uns deutschen Besuchern ein Bündel reichhaltiger Entdeckungen.

Sophie Amalie war eine strenggläubige Protestantin, die sich aufgrund ihrer unglücklichen Ehe mit dem Erbprinzen August Wilhelm von Braunschweig-Wolfenbüttel sehr stark nach innen gekehrt und dem Gebet zugewandt hatte. Daß sie mit ihrem Gefolge 1699 vor der Überfahrt nach Schweden die Schloßkirche der Festung Kronborg aufsuchte, ist sehr wahrscheinlich. Wir, die wir ein Gleiches taten, nur eben 290 Jahre später, staunten über die originale klare Schönheit dieses prächtigen Gotteshauses unweit des Meeres. Alle Inschriften konnten wir gut lesen, denn sie sind in deutscher Sprache als goldene Buchstaben an den Wänden der Kirche verewigt. Eine deutsch sprechende Dänin erklärte uns, daß man früher nur mit seinem

Hund dänisch gesprochen habe, untereinander sei die deutsche Sprache üblich gewesen. So etwas wollte ich gar nicht hören, denn meine volle Bewunderung galt ja gerade dem skæppeskøn Danmark und seinen unkomplizierten modernen Menschen. Wenn es damals dennoch so gewesen sein sollte, hatte Sophie Amalie bei einem Bittgottesdienst hier die Sprache bestimmt wählen können, denn ihre dänische Mutter, Friederike Amalie, auch eine Schwester Christians V., wird der Tochter bestimmt beide Sprachen vermittelt haben.

Vor 290 Jahren war es an dieser Stelle sicherlich besonders angebracht, beim Verlassen des halbheimatlichen Bodens die Gnade Gottes für den weiteren Weg nach Stockholm zu erbitten. Noch bedeutete allerdings der Schwedenbesuch keine Gefahr für die Erbprinzessin aus Wolfenbüttel, zumal ihr Cousin, Karl XII., zwei Jahre zuvor auf den schwedischen Königsthron gestiegen war. Ein halbes Jahr später aber begann der Nordische Krieg, der die Verwandten politisch sogar zu Feinden machte: Karl XII. auf der einen und Frederik IV., August der Starke, Zar Peter I. auf der anderen Seite.

Die im Verhältnis zur späteren Krönungszeremonie in Frederiksborg kleine Reisegesellschaft um Sophie Amalie wird standesgemäß die Schloßkirche besucht haben, in der Königsloge die Erbprinzessin mit ihren unmittelbaren Hofdamen und unten das Gefolge. Daß so ein großartiger Raum über Jahrhunderte hinweg die Stürme der Geschichte unverändert überdauern konnte und man sich heute darin bewegt, als wäre die Zeit stehengeblieben, beeindruckte mich. Barbara beschloß, ihre Tochter Luise hier taufen zu lassen, an einer himmlischen Stelle unserer Welt, umgeben von mannigfachen Zeitzeugen an das Hoffräulein Constantia. Jedes Relief, jedes Bild, die Holzausstattung, der

Putz, der Kronleuchter, Altar, Orgel und Taufstein, alles Inventar der Kirche hat sie auch gesehen. Und ob sie damals in der Betstube der Könige auf der Empore stand oder unten das Gestühl berührte, schien gleichgültig, wenn nur ihr sanfter Hauch, der das Kirchenschiff durchzog, noch zu erahnen war. Und obwohl die Zeiten längst vergangen sind, die Intuition machte es leicht, sich auch an diesem Ort des jungen Hoffräuleins von damals zu erinnern.

Helsingør, Dänemark
Schloß Kronborg
Riesensaal

Wir verließen die eindrucksvolle Schloßkirche und folgten der Führung durch das Renaissanceschloß. In ihm befinden sich der größte Festsaal Nordeuropas und die gewaltigsten, schönsten Gobelins, die ich je gesehen habe. Auch ihre gestickten Inschriften sind deutschsprachig. Die Wandteppiche waren schon 1699 sehr alt und kostbar, sie müssen heute ständig vor intensivem Licht geschützt werden.

Selbst wenn es wie aus einem Märchen entnommen erscheint, es war dennoch so, daß wir, als wir das Museum verließen und wieder nach draußen kamen, von einem lauten Donner auf dem Schloßhof empfangen wurden. Der inzwischen dunkel gewordene Himmel paßte nun großartig zu der düsteren Stimmung, die von Schloß Kronborg bei solchem Licht ausgeht. Immerhin läßt William Shakespeare hier seinen Hamlet spielen, der noch heute alljährlich im Sommer an gleicher Stelle aufgeführt wird.

Schloß Kronborg
Befestigung mit „Hamlet" Freilichtbühne

Auch mitten in der Freilichtaufführung des Jahres 1988 zog mit viel Regen ein Gewitter über Kronborg hinweg. Die dänische Königin Margarete II. dachte nicht daran, aufzustehen und zu gehen. Deshalb traute sich auch kein anderer, Schwäche zu zeigen, die Schauspielerinnen und Schauspieler schon gar nicht. Und so ließen sie alle den Hamlet vollkommen durchnäßt über sich ergehen.

Mit einem weiteren Stück Basalt aus Stolpen, das ich in den Schloßbrunnen warf, machte ich auch das Schloß Kronborg zum heutigen Zeitzeugen aus dem Leben des Fräuleins von Brockdorff.

Typisch skandinavisch zog der sommerliche Gewitterausläufer schnell von dannen. Die hellen Sonnenstrahlen ließen die nassen Wege schnell trocknen, so daß wir am Fährhafen Helsingørs allein noch die Ostsee um uns hatten. Am anderen Ufer des Øresunds funkelte das Pendant zu Helsingør in der Sonne: Helsingborg. Viele Schiffe brachten Bewegung in das eindrucksvolle Bild, das die Festung Kronborg in sich einschloß.

Unsere DSB-Fähre hieß Holger Danske, und sie signalisierte uns gerade die nächste Überfahrt. Auch auf ihr galt meine Fahrkarte der Deutschen Reichsbahn aus Erfurt, denn sie war ja bis Helsingborg ausgestellt.

Zwei ostdeutsche Touristen fuhren nun an der schmalsten Stelle des Øresunds von Dänemark nach Schweden. Welch erhebendes Gefühl. Später schrieb mir Gabriele Hoffmann in einem Brief dazu: *»Die Überfahrt von Helsingør nach Helsingborg ist wirklich wunderschön und weitet einem das Herz – man könnte den ganzen Tag hin- und herfahren. Ich liebe dieses Schloß Kronborg sehr, obwohl es gräßliche Kasematten hat, die man aber ja von außen nicht sieht.«*

Auch dieser Kommentar einer westdeutschen Schriftstellerin ist Ausdruck eines starken Erlebnisses, welches aber bei jemandem, der all das nie wieder zu sehen glaubte, einen noch nachhaltigeren Eindruck hinterlassen mußte. Als ich auf der Mole des schwedischen Fährhafens Helsingborg zwischen all den lustig im Wind wehenden Staatsflaggen auch die der DDR erblickte, kullerten abermals dicke Tränen über mein Gesicht. Warum war nur mir solch ein überwältigender Kontakt zum freien Schweden gestattet und meinen lieben Mitmenschen in der Heimat nicht; das war der Wermutstropfen in meinem Bewußtsein. Auch meine Wahldänin Barbara war von ihrer ersten Überfahrt nach Schweden sehr gerührt. Ihr perfektes Beherrschen der nordischen Sprachen ließ dabei keinen Hinweis auf ihre deutsche Herkunft aufkommen. Sie bemerkte allerdings, daß wir Ostdeutschen als einzige unsere mitgenommenen Stullen an Bord aßen, was für hiesige Verhältnisse untypisch sei. Durch eine so vernünftige Geste verrieten wir unsere Herkunft.

Etwa in der Mitte der vier Kilometer breiten Meeresenge, der seit 290 Jahren gleichgebliebenen Grenze zwischen den Königreichen Dänemark und Schweden, warf ich ein Stück Stolpener Basalt in die Ostsee. Es war der entfernteste Punkt vom Grab der Gräfin Cosel, an dem ich sie mit einem Gesteinssplitter vom einstigen Ort ihrer Leiden symbolisch geehrt habe. Ich genoß den seit Jahrhunderten unveränderten Blick auf das Schloß Kronborg von der Seeseite her. Heute waren vier Fährschiffe gleichzeitig zwischen Helsingør und Helsingborg unterwegs, 1699 fuhr sicher nur ein einziges und sehr viel kleineres Schiff über die strategisch wichtige Meeresenge hinüber.

Am Ende eines abwechslungsreichen Stadtbummels durch das schwedische Helsingborg kehrten wir am späten Abend nach Kopenhagen zurück.

Es hätte nun nichts mehr mit der Gräfin Cosel zu tun, beschriebe ich das skæppeskøn København noch weiter. Die dänische Hauptstadt ist eine Perle in Europa. Deshalb fiel mir mein Abschied nach fünf Tagen Aufenthalt zwischen Strøget, Rådhuspladsen, Marmorkirke und Lille Havfrue nicht leicht. Und besonders meine lieben Gastgeber verließ ich schweren Herzens. Ihre Freundlichkeit und Unternehmungslust hatten es mir ermöglicht, leichter als erhofft jene einmaligen Eindrücke auf unerreichbar geglaubtem historischem Territorium dankbar zu sammeln.

København
rådhus

Depenau (Holstein).
Das als Geburtshaus der Gräfin Cosel geltende Gebäude

Schloß Pillnitz, Lustgarten.
Standort der Pillnitzer Schloßkirche bis 1723

Schloß Fredericksborg, Deckengemälde: »Die Destillation«

Hillerød, Dänemark.
Schloß Fredericksborg,
Schloßhof mit Neptunbrunnen

Schleswig, Schloß Gottorf
Renaissanceteil mit Hof und
Schloßbrunnen

Roskilde, Dänemark.
Domkirche,

Sarkophag König Frederiks des IV. von Dänemark

Schloß Wolfenbüttel,
Renaissanceteil

Herzog Anton Ulrich (1633 - 1714)
Büste von Balthasar Permoser (1651 - 1732)
Herzog Anton Ulrich-Museum Braunschweig

Wolfenbüttel,
Hauptkirche Beate Mariae
Virginis,

Sarkophag der Herzogin Sophie Amalie von Braunschweig-Wolfenbüttel
(1670 - 1710), geborene Prinzessin zu Holstein-Gottorp

Das Goldene Kaffeeservice

Staatliche Kunstsammlungen
Dresden, „Grünes Gewölbe";
Gebrüder Dinglinger

Das Bad der Diana

Dresden. Ruine des Taschenbergpalais, Zustand 1990

Treppenanlage, rechter Teil   Hauptportal

Moritzburg. Barockes Jagdschloß

Meißen, Albrechtsburg.
Wandgemälde von Paul Kießling:
»Kurfürst August werden die
Arcana der Fabrik gezeigt,
Anno 1710«

Fürst Günther I. von
Schwarzburg-Sondershausen
(1678 - 1740). Ölgemälde,
Schloßmuseum Arnstadt

Burg Stolpen, Kapellenruine. Grab der Gräfin Cosel mit Gedenkstein und
Blumensockel, 17. Oktober 1993

Roskilde

Roskile, Dänemark
Domkirche

Auf meiner Rückreise lernte ich, erst dreißig Kilometern von Kopenhagen entfernt, eines der wertvollsten Monumente kennen, das auch als Zeitzeuge für die bemerkenswerteste Frau aus der Glanzzeit des sächsischen Hofes unerschütterlich an der von allen Dänen bestgehütetsten Stelle steht. Mitten unter den geziertesten und bombastischsten Särgen aller dänischen Monarchen steht im Dom von Roskilde auch der Sarko–phag Frederiks IV. Er ist Bestandteil einer aus seiner und seines Vaters, Christians V., Epoche stammenden Vierergruppe barocker Marmor-Kunstwerke, die unmittelbar hinter dem prächtigen Hochaltar der weltberühmten Domkirche ihren Platz hat. Als ich am Sonntagmorgen erwartungsvoll das Portal des Domes erreichte, fand unter seinem mit zwei spitzen Türmen und einem Aufsatzreiter eindrucksvoll gestalteten Dach gerade ein Abendmahlsgottesdienst statt. Unvorbereitet und spontan nahm ich daran teil. Des evangelisch-lutherischen Katechismus' kundig und herzlich mit ihm verbunden, erlebte ich eine unvergeßliche sakrale Feierstunde. Leise sang und betete ich in deutscher Sprache hinter meinen dänischen Brüdern und Schwestern. Das Abendmahl erlebte ich ganz besonders aufgeschlossen, und seine Auswirkungen auf meine Seele wurden eine halbe Stunde später zu einem Meilenstein in meinem Leben. Jeder Abendmahlsbesucher nahm sich von einem Tablett seinen eigenen kleinen Kelch zum Altar mit, der dann in der Abendmahlsrunde vom Pfarrer mit Christi Blut verkörperndem Wein beschenkt wurde. Das »Amen« danach verband mich so herzlich mit der dänischen Glaubensgemeinschaft, als sei ich zu Hause in meiner heimatlichen Erfurter Thomaskirche. Erst beim Rundgang durch den Dom nach dem Gottesdienst stellte ich fest, daß ich das dänische Abendmahl, nur durch den Altar getrennt, neben dem toten König Frederik IV. empfangen hatte. Mit besonderer Zuneigung legte ich ein Stück Stolpener Basalt auf den Sarkophag dieses europäischen Regenten, dessen Krönung die neunzehnjährige Constantia 1699 in der Schloßkirche zu Frederiksborg miterlebt hatte und mit dessen besonderer Huldigung 1709 der majestätische Höhepunkt ihres Lebens erreicht war. Als unvergänglicher Zeuge wird er im Roskilder Dom die geistige Verbindung zwischen den drei Zeitgenossen August dem Starken, Frederik IV. und Constantia von Cosel herstellen können, so wie dies auch der besagte Kupferstich von 1718 tut.

Aus meiner Sicht kann am Sarg Augusts II. im Krakauer Dom ein so starkes Gefühl nicht entstehen, weil der polnische König dort ohne Herz bestattet wurde. Ob man neben dem als Ausdruck seiner Liebe zu Sachsen symbolisch nach Dresden überführten Herzen in der katholischen Hofkirche dazu fähig ist, glaube ich auch nicht, so herzlos empfinde ich seine Schuld am Schicksal der Frau aus jener freundlichen Szene des Damenringrennens von 1709.

Nachdem ich staunend auch die anderen dänischen Königsgräber, von denen jedes ein Kunstwerk besonderer Klasse ist, abgeschritten hatte, setzte ich meine Rückreise vom Bahnhof Roskilde aus fort.

In Korsør schob man den langen Schnellzug in das größte Fährschiff meiner Reise. Es war nach dem ältesten Sohn Königin Margaretes II., »Kronprins Frederik« benannt. Die Überfahrt zum Fährhafen Nyborg auf der Insel Fyn genoß ich, auf den Großen Belt blickend, an Deck des Riesenschiffes. Etwa an der winzigen Insel Sprogø trafen wir die Gegenfähre, benannt nach dem Bruder des dänischen Kronprinzen, »Prins Joachim«. Stark diskutiert in Dänemark und umstritten ist die für diese Stelle geplante größte Brücke der Welt, mit der man den gemütlichen und für Dänemark typischen Fährverkehr von Jylland und Fyn zur Hauptstadt auf Sjælland abschaffen will. Es wäre schade und zeugte von mangelndem Umweltbewußtsein, setzte man das gigantische Prestigebauwerk in die Tat um.

Glücklich und guter Laune gelangte ich durch Jütland nach Flensburg. Vielleicht sollte es so sein, daß mein Aufenthalt bei meiner Großtante nur kurz war und der sehr enttäuschende Besuch bei ihr mein Gemüt verstimmte. Aber das jetzt in Privatbesitz befindliche Schloß Glücksburg zeigte sie mir trotz allem. Es spielte vor 290 Jahren möglicherweise eine Rolle als Zwischenherberge für die Reisegesellschaft um Sophie Amalie, zu deren engster holsteinischer Heimat es gehörte. Wer der damalige Eigentümer war und ob man dort rastete, hat mich nicht weiter interessiert, wahrscheinlich ist, daß man den Besitz 1699 entlang des Weges Wolfenbüttel-Stockholm und zurück zumindest berührte, und deshalb mußte mein Reiseweg auf den Spuren des Fräuleins von Brockdorff diese Stätte architektonischer Schönheit und landschaftlicher Idylle mit einbeziehen.

Nunmehr fieberte ich einem weiteren wichtigen Aufenthaltsort der noch sehr jungen Constantia entgegen, der Residenz der Herzöge von Holstein-Gottorp, dem heutigen Schloß Gottorf bei Schleswig.

Schleswig, Schloß Gottdorf
Südflügel, erbaut 1703

Schleswig mit Schloß Gottorf

Daß ich das Glück und mein frohes Gemüt wieder-finden konnte, verdankte ich neben dem historischen Hintergrund meiner Reise nun meiner lieben Cousine Renée, ihrem großartigen Mann Henning und dem treuen Dackel Paul. Sie nahmen mich drei Tage in dem kleinen Ort Süderschmedeby unweit Schleswigs herzlich bei sich auf. Henning besaß ein vortreffliches Pferd, das er am liebsten täglich in der Reithalle des Schlosses Gottorf trainierte, erzählte er beim kurzen abendlichen Rundgang um das derzeitige Schleswig-Holsteinische Nationalmuseum.

1694 war die gerade vierzehnjährige Constantia hier-hergekommen, um am Hof Christian Albrechts im Dienst seiner Tochter Sophie Amalie eine standes-gemäße Erziehung zu erhalten.

Die Beschreibung der damals bedeutenden Hofhal-tung durch Gabriele Hoffmann hatte mich neugierig gemacht und mir ein bestimmtes Grundwissen ver-schafft. Deshalb besuchte ich diese kleine Residenz, um möglichst viele Berührungspunkte zu meiner histo-rischen Bezugsperson aufzustöbern.

Auch Schloß Gottorf hat einen kleinen Schloßbrun-nen, in den ich andächtig und gleich zu Beginn meines Aufenthaltes ein Stück Basalt aus Stolpen warf. Schnur-stracks begab ich mich nun zum Renaissanceteil des Anwesens, um mich in dessen original erhaltenen alten Räumen umzusehen. In der Zeit um 1700 muß der wundervolle Hirschsaal schon ebenso wie heute aus-gesehen haben. Das Fräulein von Brockdorff durch-querte ihn, um die Empore der Schloßkirche zu errei-chen, die besonders durch ihre damals dort eingebaute beheizbare Betstube berühmt ist.

Schloß Gottdorf, Kamin im Hirschsaal
rechts angeschnitten:
Tür zur beheizbaren Betstube im Obergeschoß der Schloßkirche

Während ich auf einer der Bänke saß, die sich an den Wänden des hölzernen, großartig verzierten separaten Raumes befanden, dachte ich über den Sinn jener Gebetsintensität der Prinzessin Sophie Amalie nach. Ich konnte von heute her keine Erklärung dafür finden. Das junge Fräulein Constantia, das in Depenau ziemlich ausgelassen erzogen worden war und einer Amazone glich, mußte in Gottorf anscheinend eine harte Schule durchlaufen. Doch Sittsamkeit und aufgelockerter Frohsinn vereinten sich in dem intelligenten, sportlichen und galanten Hoffräulein an diesem, für sie strengen Hofe mühelos.

70

Dänisches Nationalmuseum, Schloß Frederiksborg
Herzog Friedrich IV. von Holstein-Gottorp (1671–1702),
Herzog Christian August, Fürstbischof zu Lübeck (1673–1726)
und Prinzessin Sophie Amalie (1670–1710)
spätere Erbprinzessin von Braunschweig-Wolfenbüttel
Gemälde von Jürgen Ovens, 1673

Das alte Schloß stand damals burgähnlich auf einer
stark befestigten Insel in der Schlei. Was den kleinen
und engen herzoglichen Hof aber in ganz Europa
berühmt machte, waren die nach ihm benannten,
barocken »Gottorfer Gärten«. Deren Wirkung bestand
darin, »daß der abschnittsweise aus einer Inselburg des
Mittelalters zum modernen befestigten Schloß aus- und
neugestaltete Fürstensitz den städtebaulichen Rang einer
weitgreifenden Residenz erhielt«. Die Gärten entstanden
während der Regierungszeit Christian Albrechts und
wurden terrassenförmig am Südufer des Flusses angelegt. In ihnen fand zur Sommerszeit das eigentliche
Leben der Prinzessin und des Fräulein Constantia statt.

Am Nordufer des künstlichen Herkulesteiches stand im Scheitel eines halbkreisförmigen Gartens ein Lusthäuschen, Friedrichsburg genannt. Die hellen gemütlichen Räume dieses leichten Sommerhauses dienten Sophie Amalie als Lieblingsaufenthaltsort. Vielleicht hat die lustige und unbeschwerte Art des Hoffräuleins Constantia in dieser Umgebung auch ihre Wirkung auf die Prinzessin gehabt? Im Mittelpunkt des halbkreisförmigen »Globusgartens«, zwischen Friedrichsburg und Herkulesteich, stand damals ein kleiner Pavillon, in dem sich der größte Globus der Welt befand. Sophie Amalie und Constantia bestiegen ihn oft. In seinem Inneren soll, gleich einem Planetarium, ein Sternenhimmel zu sehen gewesen sein. Das Wasser der einzelnen Springbrunnen aus jeder Kaskade der Terrassengärten diente dazu, den Globus zu drehen, bis es schließlich, zu einer Fontäne geballt, aus dem starken Herkules inmitten des gleichnamigen Teiches herausspritzte. Heute schießt an keiner Stelle des verfallenen Herkulesteiches mehr Wasser empor, der Schwerkraft entgegen, und die inzwischen wild bewaldeten einstigen Gärten ersticken jede Vorstellung von vergangenen Zeiten schon im Keim. Nur ganz hart gesottene Spurensucher mit genauen Vorkenntnissen werden Reste der so gerühmten Gottorfer Gärten finden. Ich stieß inmitten des urwüchsigen Unterholzes nördlich des Teiches dann doch noch auf Teile der alten Stützmauer

Schloß Gottdorf
ehemaliger Schloßgarten
Herkulesteich

72

des Globusgartens, die der Friedrichsburg statischen Halt gab – verfallende, steinerne Zeugen einer großen Zeit!

Von der Friedrichsburg selbst, dem Globustempel und den fünf Fontänen des Herkulesteiches sind alle Spuren verschwunden. Auch der schöne Blick von den Terrassen über die Schlei hinweg auf das Schloß ist nicht mehr möglich. Als ich langsam die das Wasser in gerader Linie teilende Schloßallee zurückschlenderte, wurde mir klar, daß der Beginn barocker Gartenbaukunst, wie er in Gottorf seinen Höhepunkt erreichte, großen Einfluß auf die Gräfin Cosel genommen haben muß. Ihre Ideen in Bezug auf den Pillnitzer Park werden wohl auf dem Gottorfer Ursprung basieren. Später kamen dann noch die Erfahrungen aus Salzdahlum dazu, dessen Schloß und Lustgarten als ebensolche Perlen barocker Architektur weithin gerühmt wurden. Als gebürtiger Erfurter fiel mir nebenbei der berühmte Sohn meiner Heimatstadt Christian Reichart (1685 bis 1775) ein, Begründer des wissenschaftlichen Gartenbaues jener Zeit.

Beim Abschied von dem gepflegten Schloß bedachte ich noch einmal die Zeit des kleinen Gottorfer Hofes um 1700 und lief die weite Strecke von dort zum Schleswiger Dom. An dem langen Weg standen zur Jahreswende 1694/95 Tausende Einwohner des Herzogtums Holstein- Gottorp Spalier für den Trauerzug, mit dem der verstorbene Herzog Christian Albrecht zu seiner letzten Ruhestätte geleitet wurde. Im Dom selbst nahm auch Sophie Amalie Abschied von ihrem Vater, der bis heute in dessen Krypta ruht. Sein Sohn Friedrich IV., Bruder Sophie Amalies und Cousin Augusts des Starken, Frederiks IV. und Karls XII., übernahm als letzter Holsteiner Herzog in dem unter dänischer Oberhoheit stehenden norddeutschen Staat die Macht. Das Fräulein Constantia von Brockdorff lernte sie alle kennen, höchstwahrscheinlich auch hier, beim Abschied von Christian Albrecht.

Ein Stück Basalt auf seinen Sarg zu legen blieb mir verwehrt, weil das Grab nicht zugänglich war. Mit besonderer Andacht konnte ich aber diese symbolische Handlung später in Wolfenbüttel am Sarg Sophie Amalies, seiner Tochter, vollziehen. Dazu ließ ich mich von der Deutschen Bundesbahn über Hamburg und Braunschweig in die wunderschöne Residenzstadt Wolfenbüttel bringen.

Schleswig, Dom
Eingang zur Krypta

Wolfenbüttel

Wolfenbüttel war, bevor sie nach Dresden kam, der letzte aktive Aufenthaltsort des Fräuleins von Brockdorff und hat nach der sächsischen Residenz sekundäre Bedeutung für den Lebensweg und das Schicksal der Gräfin Cosel. Um 1700 regierte in der niedersächsischen Hauptstadt der Welfen (jüngere Linie) Herzog Anton Ulrich neben seinem älteren Bruder Rudolf August. Die Residenz im Herzen der Stadt war noch burgähnlich befestigt wie Schloß Gottorf, allerdings waren die Wassergräben der Oker, welche die Burg umschlossen, nicht so breit wie dort. Dafür genossen jedoch das Schloß und die Hofhaltung in Wolfenbüttel weitaus größeren Ruhm in Europa als das kleinere Schleswig.

Anton Ulrich, von dem Balthasar Permoser eine Marmorbüste schuf, wurde, als das Fräulein von Brockdorff im Dienst ihrer Prinzessin Sophie Amalie 1695 mit nach Wolfenbüttel kam, als ein kunstsinniger Monarch gerühmt. Das Leben an seinem Hof folgte dem großen Stil jener Zeit. Bedeutsam für die Gegenwart ist heute vor allem die mit Herzog Anton Ulrich ihren Anfang nehmende Genealogie. Sein Sohn *»Herzog Ludwig Rudolf von Braunschweig-Lüneburg-Wolfenbüttel und seine Gemahlin Christine Luise, Prinzessin zu Oettingen, hatten drei Töchter: Elisabeth Christine, Charlotte Christine Sophie und Antoinette Amalia. Auf ihre Kindheit und Jugend nahm der Großvater, der hochgebildete, welterfahrene und willensstarke Anton Ulrich, einen dominierenden Einfluß. Er hatte seine Residenz zum »nordischen Versailles« gemacht, und er tat alles, um die politische Bedeutung seines Landes zu heben. Als die han-*

noverschen Vettern 1692 die Kurwürde erlangt hatten,
suchte er einen Ausgleich in glanzvollen Ehen für die
Prinzessinen.«

Elisabeth Christine brachte mit Kaiser Karl VI. Maria Theresia zur Welt. Charlotte Christine gebar in einer dramatischen Ehe mit dem Kronprinzen Alexej (Sohn Peters I.) den späteren Zaren Peter II. Am erfolgreichsten verzweigte sich der Stammbaum Antoinette Amalies, in den sich als ihr Gatte Ferdinand Albrecht II., Vetter Ludwig Rudolfs und Erbfolger des Herzogtums Braunschweig-Wolfenbüttel, einfügte. Auch die sechs Kinder aus dieser glücklichen Ehe liierten sich mit großen oder bedeutenden Fürstenhäusern Europas. So stammt zum Beispiel der Herzog Karl August von Sachsen-Weimar über seine Mutter Anna Amalia von daher ab. Preußische Hohenzollern-Kinder wurden im Jahre 1733 gleich zweimal mit Wolfenbütteler Abkömmlingen Antoinette Amaliens vermählt. Die hübsche Philippine Charlotte war Anna Amalias Mutter, und ihr Bruder Friedrich II. erhielt bei seiner prunkvollen Hochzeit am 12. Juni in Salzdahlum seine »ungeliebte Frau«, die Wolfenbütteler Prinzessin Elisabeth Christine.

Zu erwähnen gestatte ich mir als Thüringer an dieser Stelle noch zwei bekannte Töchter Anton Ulrichs: Elisabeth Eleonore (1658–1729) vermählte sich 1681 mit Herzog Bernhard I., dem Stifter der ernestinischen Linie von Sachsen-Meiningen. Seiner Gemahlin zu Ehren benannte er das umgestaltete Meininger Stadtschloß »Elisabethenburg«. Anton Ulrichs dritte Tochter Auguste Dorothea (1666–1716) hingegen heiratete 1684 den Grafen Anton Günther II. von Schwarzburg-Sondershausen-Arnstadt. Die Jahrhunderte überdauerndes Ergebnis ihrer intensiven Freizeitbeschäftigung nach dem frühen Tod des Fürsten auf Schloß Augustenburg bei Arnstadt ist die originelle Puppensammlung »Mon plasier«, die heute im Neuen Palais Arnstadts zu besichtigen ist.

Von Anton Ulrich bis zur 1696 geborenen Tochter Ludwig Rudolfs, Antoinette Amalie lernte das Hoffräulein Constantia am Wolfenbütteler Hof drei welfische Generationen persönlich kennen. Die sieben Jahre ihres Lebens dort haben dazu beigetragen, ihren weltoffenen und wissenshungrigen Charakter zu formen. Daß sie wie nebenbei auch zu einer sehr schönen jungen Frau mit großer Anziehungskraft heranwuchs, beschrieb Gabriele Hoffmann ganz besonders einfühlsam. So mußte es dazu kommen, daß sich Prinz Ludwig Rudolf über kurz oder lang in sie verliebte.

Als ich auf meiner Spurensuche beim Schloß Wolfenbüttel angekommen war, wurde mir warm ums Herz. Es repräsentiert mit seiner barocken Fassade die große Zeit Wolfenbüttels. August Wilhelm, der Mann Sophie Amalies, ließ seine Initialen über dem in seiner Regierungszeit entstandenen Eingangsportal in Gold fassen, und der darüber hübsch von Putten gehaltene Wahlspruch des Herzogs PARTA TUERI – ERWORBENES ERHALTEN, stärkte meine Überzeugung in besonders treffender Weise. Der romantische Schloßhof ist noch in originaler Größe, durch die Renaissanceausdehnung der historischen Schloßflügel bedingt, anzuschauen. Zu einem besonderen Kunstgenuß wurde für mich der Rundgang durch die herzoglichen Räume des Museums. Porträts vieler Zeitgenossen des Fräuleins von Brockdorff waren hier wiederzufinden, auch die berühmten Enkel Ludwig Rudolfs und deren blaublütige Ehefrauen. Am eindrucksvollsten fand ich ein riesengroßes Altargemälde, das aus der ehemaligen Schloßkapelle stammt. Es soll um 1695 dort eingefügt worden sein und zeigt den Herzog Anton Ulrich mit seinem ganzen

Wolfenbüttel, Stadtschloß

Eingangsportal
Initialen AW für
Herzog August Wilhelm

Hofstaat vor Golgatha. Seinen Sohn und Nachfolger August Wilhelm konnte ich mit Hilfe eines Fachmannes neben dem Vater sicher aus der grandiosen Szene herausfinden, die genaue Identifizierung seiner Frau gelang uns allerdings nicht. Immerhin verwitwete der Herzog zweimal und heiratete hintereinander drei Frauen; die zweite Ehe führte er mit Sophie Amalie. Befände sie sich auf dem Gemälde, müßte auch ihr Hofstaat im Hintergrund stehen, also auch das Fräulein Constantia. Es wäre für mich ein Triumph gewesen, hätte ich ein der Realität entsprechendes Porträt des in Schönheit erblühten Mädchens am Rande der Hofgesellschaft in Wolfenbüttel gefunden. Nur über ein Abbild Sophie Amalies war eine Klärung möglich, weshalb ich später intensiv danach geforscht habe.

Längere Zeiten verweilte ich inzwischen an dem wertvollen Gemälde, dessen heute nachgedunkelte Farben vor 290 Jahren mit heller Leuchtkraft gestrahlt haben müssen. Als Stammväter der Hofgesellschaft beziehen Anton Ulrich rechts, sein Bruder Rudolf August links, beide hoch zu Roß, in majestätischer Pose Stellung vor dem christlichen Hintergrund. Das Bild erhält seinen gelungenen Vordergrund durch die zu Füßen Anton Ulrichs sitzende Figur der Herzogin Elisabeth Juliane, seine Gattin. Ihr Kleid bedeckt den Boden um sie herum. Auf dem Saum knicksen, angeschmiegt an die Großmutter, die beiden Prinzessinnen Elisabeth Christine (geboren 1691) und Charlotte Christine (geboren 1694). Die Herzogin reicht ihren Enkelinnen die linke Hand. Hinter der Herzogin stehen, aus dem Hofstaat hervorgehoben, zwei junge Frauen, wahrscheinlich zwei Töchter des Herzogspaares. Da die linke ihre Schwester umarmt, müßte sie die ältere, also Elisabeth Eleonore, Herzogin zu Sachsen-Meiningen, sein. Bei ihrer Schwester könnte es sich um Anna

Museum Schloß Wolfenbüttel
Altargemälde aus ehemaliger Schloßkirche,
um 1695

Sophia, Markgräfin zu Baden-Durlach, oder Auguste
Dorothea, Gräfin bzw. schon Fürstin (1697) von Schwarzburg-Sondershausen-Arnstadt, handeln. Links neben der
Herzogin Elisabeth Juliane hocken vier Damen. Die
direkt neben der Herzogin trägt einen Säugling, die
zweite ein kleines Mädchen auf dem Arm. Eines dieser
beiden Kinder müßte sich als Antoinette Amalie erwei-
sen, gehalten von der Mutter, Prinzessin Christine Luise.

80

Sophie Amalie (1670–1710)
Herzogin zu Braunschweig-Wolfenbüttel
Ölgemälde, Braunschweigisches Landesmuseum

Die Gedanken, die ich mir um die Entstehungszeit des Gemäldes und die darauf Abgebildeten machte, fanden bei meinem Besuch im Jahre 1989 verständlicherweise noch nicht ihren Abschluß. Vielmehr wirbelten sie mehrere Jahre in meinem Kopf herum, bis ich im Vergleich mit ihrem Porträt im März 1994 endlich die gesuchte Prinzessin Sophie Amalie herausfand. Sie steht, gut gelungen und so ausdrucksstark wie von Gabriele Hoffmann beschrieben, unmittelbar links neben ihrer Schwägerin Elisabeth Eleonore und direkt hinter Christine Luise, der Prinzessin von Oettingen, mit dem Säugling auf dem Arm.

Nun wußte ich, daß auch das Fräulein von Brockdorff, zumindest schemenhaft, in die hintere Gruppe der ganz jungen Hofdamen eingefügt sein mußte. Mit dieser Ahnung stand ich immer wieder vor diesem gewaltigen, 4,18 x 3,35 Meter großen Gemälde und sagte leise vor mich hin: »Constantia von Brockdorff, wenn du hier abgebildet sein solltest, so zwinkere mir doch einmal zu!« Jedes dieser kleinen Mädchen in der hinteren Gruppe schaute ich immer wieder sehnsüchtig an. Ich versuchte mich an einer subjektiven Schönheitsdifferenzierung der siebzehn Mädchen. Vergeblich. Da keiner meiner Blicke eines der Hoffräulein zum Zwinkern brachte, muß ich bis heute auf eine Entscheidung darüber verzichten, welche wohl am ehesten dem Fräulein von Brockdorff entspräche. Daß sie der Maler Tobias Querfurt auf seinem Werk verewigt hat, halte ich nach vielen Recherchen für sehr wahrscheinlich.

Unabhängig von der exakten Einarbeitung der einzelnen Porträts ist das Gemälde als solches ein ganz wertvoller Zeuge aus dem Leben Constantias am Hof Anton Ulrichs. Mit fünfzehn Jahren führte sie ihr Lebensweg nach Wolfenbüttel, und in der Schloßkapelle bekundete auch sie ihren christlichen Glauben vor dem neuen Gemälde, sieben Jahre lang. Öfter hat Ludwig Rudolf dabei einen Blick auf die sich entwickelnde Schönheit im Gefolge seiner traurig-frommen Schwägerin riskiert, bis sie mit zweiundzwanzig Jahren, von ihm geliebt, für immer aus der Residenz verschwand. Aus der nicht mehr vorhandenen Schloßkapelle können wir das großartige Altargemälde als Zeugen für einen gedämpften Schein annehmen, der die Liebe zwischen Ludwig Rudolf und Constantia während der Andacht zwar verhüllte, sein Feuer aber dennoch entfachte. Seine Glut war dann im Lustschloß Salzdahlum nicht einmal mehr durch die vielen Wasserspiele des Lustgartens zu löschen, vielmehr brannte es dort lichterloh. Ludwig Rudolf liebte das Hoffräulein Constantia leidenschaftlich, so sehr, daß er sein Leben lang ein Wortspiel von ihr aufbewahrte, welches sogar seinen Tod überdauert hat und sich noch heute in seinem Nachlaß befindet.

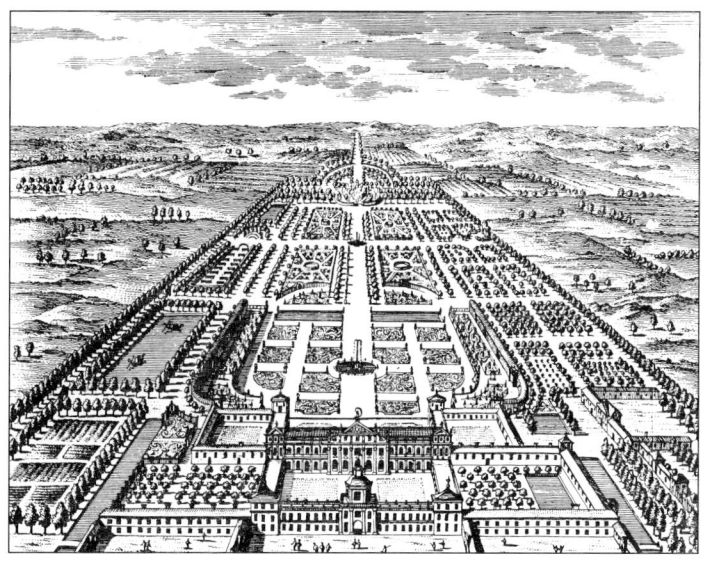

Lustschloß Salzdahlum
Kupferstich
Detail aus: CARTE GÉNÉALOGIQUE DE LA FAMILLE
ROYALE DE BRUNSWICK=LUNEBOURG=HANOVER

Diese Liebe wird wohl insbesondere mit dem Lechlumer Holz, zu dem vom Lustschloß aus eine schnurgerade Allee führt, verbunden sein. Die lieblichen Kavaliershäuschen dort sowie die verspielten Pavillons und antiken Tempel des entzückenden Lustgartens in Salzdahlum boten dem Verführer und seiner Angebeteten den wirksamsten Hintergrund für ihre heimliche Zuneigung. Später zog es mich deshalb besonders stark zu jenem Flecken Erde, obwohl nur noch periphere Begrenzungen der jetzigen Felder das Ausmaß der einstigen barocken Anlage erkennen lassen.

Imponierende, real erfaßbare Zeitzeugen dagegen erlebte ich wieder in Wolfenbüttels Hauptkirche Beatae Mariae Virginis, die ich mittlerweile auch schon mehrfach besucht habe. Bevor ich den Weg zu ihr fand, hielt ich auf der Schloßbrücke inne, um ein Stück Stolpener Basalt andächtig in das Wasser der Oker zu werfen. Ich blickte noch einmal am mächtigen Hausmannsturm hinauf, der so gelungen hinter der barocken Fassade aus dem Schloß herausragt. Dieser 1614 von Baumeister Paul Francke der befestigten Anlage hinzugefügte 48 Meter hohe viereckige Turm gilt wegen seines schönen Umlaufes unterhalb der prächtigen Haube als *»einer der schönsten Schloßtürme der Renaissance«*. Er begleitete bei der Ankunft der kleinen Constantia das Finale ihrer spannenden Übersiedlung. Sein Anblick ließ ihr Herz klopfen, und er war auch Zeuge ihres Verschwindens aus seinem Bereich. Ob sie sich, als sie das Schloß für immer verließ, ebensooft nach ihm umgedreht hat, wie ich es tat? Auch ich dachte, diesen Anblick nie wieder zu erleben. Und welchen Dialog wird Ludwig Rudolf in Gedanken mit dem Hausmannsturm geführt haben, als der Wächter über Wolfenbüttel nurmehr vergeblich nach Constantia Ausschau hielt? Mir fiel der Leuchtturm von Warnemünde ein, der hoch oben auch so einen schönen Umlauf besitzt. In der Dunkelheit suchte der durch gewaltige Linsen gebündelte Lichtstrahl des Leuchtfeuers die verglühte

Schloß Wolfenbüttel
Blick vom Schloßhof hinauf zum Hausmannsturm

Sternschnuppe. Der Strahl verlor sich in der Ferne im Nichts. Damals erhob sich auch noch eine Laterne über einer mächtigen Kuppel der Schloßkapelle und über das ganze Schloß hinweg. Viele kleinere Türme verzierten den Kuppelbau.

Ein erniedrigender Abschied wird es 1702 für die erstmals tief verstörte, in ihrer Ehre verletzte Comtess gewesen sein. Mir war ihr schmerzliches Gefühl sehr nahe, so empfindsam machte mich die Silhouette des Schlosses beim Abschied.

Eine große Begegnung stand mir in dieser Stimmung unmittelbar bevor. Nach einigen Gängen durch die mit hübschen Fachwerkhäusern bebauten engen und verwinkelten Straßen der Altstadt nahm ich sie mehr und mehr wahr, die größte und die schönste Renaissance-kirche Deutschlands, das Hauptwerk Paul Franckes, Beatae Mariae Virginis, Wolfenbüttels Hauptkirche. Ihr »jüngeres« Grabgewölbe beherbergt unter anderen die Särge Anton Ulrichs und Elisabeth Julianes, August Wilhelms und seiner drei Frauen, somit auch den Sophie Amalies.

Fünf Minuten vor sechs nach der Sommerzeit erreichte ich das von der noch hochstehenden Sonne beschienene Westportal im Turm des architekto-nischen Meisterwerkes. Kirchenvogt Dieter Menzel wollte die prunkvolle Tür für Besucher gerade schließen. Er gestand mir ein Jahr später, nach der Wende, daß ihn noch nie ein so aufgeregter, spannungs-geladener Mensch mit solch funkelnden Augen wie ich in dieser Kirche angesprochen habe, um den Zugang zur Krypta zu erbitten. Als gutem Kenner braunschwei-gischer Geschichte war ihm recht eigenartig zumute, als mein Redeschwall über ihn hereinbrach und er in der Kürze der Zeit alle Zusammenhänge zwischen Wolfenbüttel, Sophie Amalie und der Gräfin Cosel erfas-sen sollte. Seinem Interesse für diese ungewöhnliche Verknüpfung von historischen Persönlichkeiten und der Seltenheit eines Erfurter Besuchers, der noch nicht das Rentenalter erreicht hatte, verdankte ich eine erst-klassige Einzelführung durch das Bauwerk, verbunden mit sehr aufschlußreichen Gesprächen. Die kostbare Ausstattung der in zehnjähriger Arbeit denkmalpflege-risch restaurierten Kirche beeindruckte mich zutiefst, und die vielen Eindrücke im Vorder- und Hintergrund beanspruchten meine Sinne. Erst beim Anblick des Altars breitete sich Ruhe in mir aus.

Es ist wahrscheinlich, daß sich vor ihm auch der Hof-staat um 1700 versammelt hat, denn als protestantische

Predigtkirche Wolfenbüttels zollte ihr auch der Hof den gebührenden Respekt und leistete Tribut. So stiftete die herzogliche Familie, angefangen von Heinrich Julius, dem Erbauer, nahezu alle wertvollen Einbauten. Der aus Linden- und Fichtenholz bestehende wertvolle Altar stammt aus dem Jahr 1623. Ein Jahr später übernahm Hofkapellmeister Michael Praetorius die nach seinen Plänen fertiggestellte Orgel. Beim Begräbnis Herzog August d. J. (gestorben 1666) fuhr der fürstliche Leichenwagen achtspännig in die Kirche hinein. Es ist erstaunlich, was für Ereignisse sich vor den alten Kunstwerken abgespielt haben und wie die Erinnerung durch ebendiese lebendig gehalten wird, ja unvergessen bleibt. Ein Schmuckstück von allerhöchstem Rang ist auch die Kanzel des Quedlinburger Meisters Georg Steyger von 1623. Sie befand sich 1989 noch zur Restauration und gelangte in ihrer ganzen originalen Pracht erst im Advent 1991 wieder zu ihrer Gemeinde zurück. Unter dem von ihr ausgehenden Altarraum befindet sich das jüngere Grabgewölbe, das sich mir nunmehr für eine nicht alltägliche Besichtigung öffnete. Die Spannung vor der Begegnung mit der letzten Ruhestätte einer größeren Anzahl von Zeitgenossen der Gräfin Cosel war groß.

Wiederum zum erstenmal in meinem Leben folgte ich einem kunst- und geschichtsbeflissenen kirchlichen Mitarbeiter in die Gemäuer eines Grabgewölbes. Mehrere Stufen führten hinunter zu den Gewölben. Ich nahm einen eigentümlichen Geruch wahr, der mich zunächst beängstigte. Dieter Menzel aber vertrieb die anfängliche Unsicherheit und verwies auf die gute Durchlüftung der Krypta und die sehr gepflegten, dezent ausgeleuchteten, hallenähnlichen Katakomben. Vor einem prächtig verzierten Doppelsarg aus Zinn hielten wir inne. In ihm liegt das herzogliche Paar Anton

Ulrich und Elisabeth Juliane. Schon seit 275 Jahren bewahrt er die Gebeine der einstigen Schöpfer des »braunschweigischen Versailles« auf. Infolge gelegentlichen Grundwassereinbruches war der Sarg von unten her schon beschädigt. Während mir etwas mulmig zumute war, erklärte mir der Kirchenvogt ruhig und sachlich die Veränderungen, die die Zeit und verschiedenartige Umwelteinflüsse an solchen Grablegungen unweigerlich mit sich bringen. Der Sarg des 1666 verstorbenen Herzogs August d. J. machte wegen der hohen Füße, die ihn vor Grundwasser schützten, einen unversehrten Eindruck. Ich wandte mich um. Vor einem Pfeilerfundament der Nordwand stand der Sarkophag August Wilhelms. 1731 verstarb der Herzog, der Sophie Amalie und Constantia nach Wolfenbüttel geholt hatte. Ihm gegenüber fand 1710 seine zweite Gattin, die holsteinische Prinzessin und Cousine Augusts des Starken, Sophie Amalie, ihre letzte Ruhestätte. Versonnen stand ich für kurze Zeit an der reich verzierten und mit lateinisch gefaßter Ahneneinordnung dekorierten zinnernen Umhüllung der wichtigsten Bezugsperson Constantias aus ihrer Jugendzeit. Unter den Rücken Jesu Christi, des Gekreuzigten, der, für Sophie Amalie zum Himmel aufschauend, zwischen ihr und Gott den christlichen Glauben an die Auferstehung der Toten symbolisiert, legte ich ein Stück Basalt aus Stolpen. Ich wollte mit dieser Geste die Verbindung zwischen den beiden Lebenswegen über den Tod hinaus nicht nur in Gedanken, sondern auch materiell herstellen. Eines der härtesten Gesteine unserer Erde, entnommen aus dem einstigen Gefüge jener Festung, welche das traurige Schicksal der Gräfin Cosel in sich vollzog, bezeugt jetzt, im nahen Angesicht ihrer früheren Dienstherrin, den irdischen Zusammenhang zwischen beiden Personen. Ob ihre Seelen inzwischen vor Gott längst gemeinsam zum ewigen Frieden fanden, wissen wir natürlich nicht.

Nach einem Gebet an Sophie Amalies Sarkophag verließ ich die herzogliche Gruft.

Für die Festigung meiner Kenntnisse am historischen Aufeinandertreffen der Gräfin Cosel mit bekannten Zeitgenossen und darüber hinaus der umfangreichen Verbindungen des Hauses Braunschweig-Wolfenbüttel hat der ergebnisreiche Besuch bei Sophie Amalie seinen Teil beigetragen. In Dieter Menzel fand ich ein Jahr später einen in dieser Beziehung nahezu allumfassend sachkundigen, aufgeschlossenen und wirklichen Geschichtsfreund, der nun seinerseits seine Liebe zu Thüringen und dessen Fürstenhäusern ausbaute. Alle braunschweigischen Verbindungslinien zu meiner Heimat lernte ich später durch ihn und seine umfangreiche Literatursammlung kennen.

Beladen mit einer Menge noch unverarbeiteter Eindrücke, steuerte ich die letzte Station meiner großen Reise an, den weltbekannten Ort deutscher Geschichte, den ich - wie Wolfenbüttel - womöglich einmal und nie wieder besuchen durfte, die Stadt Heinrichs des Löwen.

Braunschweig

Nur einen Zeitzeugen dort wollte ich aufsuchen, das Grab Ludwig Rudolfs im Braunschweiger Dom. *»Der Dom gehört zu der vornehmen Familie von Bauwerken, die unter dem Kennwort der Romanik begriffen wird«*, las ich später über ihn.

Mir eingefleischtem Protestanten tat die Begegnung mit diesem traditionsreichen Gotteshaus ausgesprochen wohl. Seine äußere und innere Schlichtheit fesselte mich, auch trotz der von 1936 bis 1940 währenden stilbrecherischen Umgestaltung der Kirchenschiffe zu einer nationalsozialistischen Kundgebungsstätte. Die gezielt dafür ebenfalls kostspielig hergerichtete monumentale Grabstätte Heinrichs des Löwen und seiner Frau Mathilde gefiel mir. Den Begründern des Welfengeschlechtes wurde in Ehrerbietung unter dem Dom eine Art Walhalla errichtet. Die darin aufgestellten einfachen Steinsärge erzielten ihre gewollte Wirkung, der aber das großartige alte Grabmal vor dem Marienaltar auch allein Genüge getan hätte.

Um Heinrich dem Löwen ungestört huldigen zu können, mußte auch das wertvolle barocke Grabmal Ludwig Rudolfs und seiner Frau Christine Luise aus dem Langhaus des Domes weichen. Die Gruft des Herzogpaares ist zwar im Zentrum des Domes verblieben, die außerordentlich schöne Ewigkeitsszene der beiden schlafenden Toten aus Bronze auf dem gewaltigen und reich verzierten Denkmalssockel wurde aber in das südliche Seitenschiff umgesetzt.

Dort konnte ich nun in aller Ruhe meinen Gedanken zu Ludwig Rudolf nachgehen, während eine moderne Pop-Gruppe von einer Holztribüne im Mittelschiff aus ihre durchaus ansprechenden Klänge in das altehrwür-

Braunschweig, Dom
Grabmal des Herzogs Ludwig Rudolf (Detail)

dige Gemäuer hereinschickte. Irgendwie verband mich
die Musik mit jugendlichen Empfindungen zu jenem
leidenschaftlichen Verhältnis zwischen dem als Skulp-
tur auf seinem Grabmal vor mir liegenden schlafenden
Herzog und der von ihm einst verführten zwanzigjähri-
gen Geliebten. Ob seine Frau, die von Zeitgenossen
hochgeschätzte und bewunderte Christine Luise, unter
der aufgeflogenen Liason gelitten haben mag, dachte
ich? Ihr weiteres gemeinsames Leben schienen sie,
zumindest nach diesem Denkmal zu urteilen, nach
außen hin in Biederkeit weitergeführt zu haben. Eine
Erklärung allerdings, warum sich die beiden Schlafenden voneinander abwenden, hat bisher noch niemand
gefunden.

Ich genoß noch eine Weile lang die Weite des Domes,
um dann von hier aus direkt nach Hause zu fahren.

91

Im Zug spulten sich die vielen Eindrücke auf den entdeckten Spuren aus dem Leben des Fräuleins von Brockdorff wie ein spannender Film noch einmal in mir ab. Freudestrahlend berichtete ich meiner Familie und den Freunden von meinen vielen Erlebnissen. Ins Reichsbahnamt Erfurt lud man mich ein, die lustige Geschichte meines Fahrrades zu erfahren, das ich in Kopenhagen allein auf die Reise nach Erfurt schickte, um es später wohlbehalten vom Hauptbahnhof abzuholen.

Ich hatte nun, der Beschreibung Gabriele Hoffmanns folgend, die Stationen im Leben des jungen Hoffräuleins aufgesucht und zuvor das Wirkungsfeld während ihrer Glanzzeit und der Gefangenschaft als Gräfin von Cosel kennengelernt. Um meine persönlichen Eindrücke über die Orte von Bedeutung für die im Licht der damaligen Öffentlichkeit stehenden wichtigsten und treuesten Verbündeten Augusts des Starken abzurunden und um weitere Zeitzeugen kennenzulernen, besuchte ich fortan von Zeit zu Zeit deren historische Zentren. Willkürlich die Reihenfolge wählend, zog es mich noch einmal nach Dresden und in seine herrliche Umgebung. Diesmal bezog ich Schloß Moritzburg in meine Betrachtungen mit ein, das barocke Märchenschloß der Wettiner.

Dresden

In Dresden suchte ich zunächst die Kreuzgasse auf, den Straßenzug, der den Lebensweg der frisch vermählten Frau von Hoym in Sachsen bestimmen sollte.

Adolph Magnus von Hoym, August des Starken wichtiger sächsischer Finanzdirektor, entdeckte die auffallend schöne Constantia bei einem Karneval in Wolfenbüttel und heiratete sie 1703 kurzentschlossen in Depenau, nachdem sie den Hof Anton Ulrichs hatte verlassen müssen. Warum Graf Friedrich August von Cosel bei der Beerdigung seiner Mutter 1765 das Jahr 1699 für die Trauung in eine Zinntafel gravieren ließ, ist bis heute unklar.

Dresden
Kreuzkirche mit Kreuzgasse, 1990

Bernardo Bellotto, genannt Canaletto
Der Altmarkt in Dresden von der Schloßgasse gesehen
Gemäldegalerie Dresden, Alte Meister

Das prächtige Palais Hoym in der Dresdner Kreuzgasse sollte für Constantia eine neue zukunftssichere
Herberge sein. Es ist längst verschwunden, ebenso die
damalige Kreuzkirche, welche die Preußen im Siebenjährigen Krieg in Schutt und Asche legten. Schweigend
ging ich durch die heutige, die neue Kreuzgasse um die
inzwischen zweimal zerstörte und zweimal wiederauf-
gebaute Kreuzkirche herum und betrachtete deren
brandgezeichnete, dunkle Sandsteine. Hatten einige
davon die Frau von Hoym kennengelernt? Auch ihr
Palais stand 1704 in Flammen, und die Auswirkungen
dieses Feuers brachten die Löschende und den erreg-
ten Kurfürsten von Sachsen zu einem geheimen Ehevertrag mit den bekannten Folgen für die Schwächere.

Zwei sehr bekannte Zeitzeugen aus der Zeit jener ent-
stehenden großen und tiefen Liebesbeziehung kann
man im Albertinum bestaunen. Die dort zu besich-

tigende Sammlung des Grünen Gewölbes aus dem zerbombten Residenzschloß enthält das berühmte »Goldene Kaffeeservice«. Hofjuwelier Johann Melchior Dinglinger (1664–1731) hat es 1702 im Auftrag Augusts des Starken angefertigt. Das wie echtes chinesisches Porzellan aussehende »Geschirr« besteht aus reinem Gold, das kunstvoll emailliert und auf einer mit Edelsteinen dekorierten Etagere abgestellt wurde. Zur damaligen Zeit, als man in Europa noch kein Porzellan herstellen konnte und dieses begehrte Sammelgut demzufolge teurer als Gold war, setzten die Dinglingers alle Fähigkeiten daran, den »häßlichen« Goldrand an den Tassen verschwinden zu lassen. Doch es half nichts; beim Emaillieren im heißen Ofen schmolz die Glasur, der Schwerkraft der Erde folgend, nach unten ab und hinterließ den das Grundmaterial verratenden goldenen Rand. Was für eine Wende hat die Chemie in 300 Jahren herbeigeführt? Heute imitieren die großen Porzellanfabriken auf ihrem billigen Seriengeschirr mit einem künstlichen Goldstrich den legendären Edelmetallrand, um es im Wert zu erhöhen.

Heißer als sich die gut wärmeleitenden Kaffeetassen ohne Henkel in den Händen ihrer daraus trinkenden Benutzer anfühlten, glühten die Herzen der Frau von Hoym und ihres königlichen Anbeters - und dies viele Kaffeestunden lang.

Später, als das Taschenbergpalais der Gräfin Cosel als repräsentative Residenz zugewiesen wurde, war das Service dort in Benutzung. Wenn August den Mühen des Alltags entfliehen wollte, fand er dort Ruhe und Entspannung. Vor allem die für ihn politisch schwere Zeit von 1706 bis 1709, als er die polnische Königskrone verloren hatte, erforderte Ablenkung und Trost, wozu die immer heitere und zu kluger Konversation fähige Constantia stets beitrug. Das »Goldene Kaffeeservice«

nahm in der glücklichsten Zeit der beiden Verliebten hieran als unmittelbarer Zeuge teil.

Als einen die Tugend der Liebe hervorhebenden Pokal kann man ihn wahrlich bezeichnen, den zweiten Zeitzeugen des Grünen Gewölbes mit seinem unnachahmlichen Bezug zur Gräfin Cosel, das »Bad der Diana«. Das weitere Prachtstück aus der Werkstatt der Gebrüder Dinglinger forderte von noch einem anderen Meister sein ganzes Können ab. Balthasar Permoser (1651 bis 1732) entlockte dem Material Elfenbein die graziöse Figur der Jagdgöttin. Die Schönheit der den Pokal schmückenden Diana schreibt man dem Modell zu, das der Bildhauer dafür verwendete. Weil die Trophäe für die Gräfin Cosel entstand, die ja herrschaftlich der Jagd beiwohnte, konnte sich die damalige Ausstrahlung der »sächsischen Pompadour« auf die Umgebenden über 290 Jahre lang bis heute erhalten: So meisterlich, ebenmäßig und schön ist auch noch für unser modernes Empfinden die von Permoser geschaffene Figur der Jagdgöttin. Kein Wunder, daß Aktäon dem Blick auf die Schöne nicht wiederstehen konnte. Daß sie ihn dafür bestrafte und in einen Hirsch verwandelte, versteht unsere Moral von heute nicht mehr, schon gar nicht die Härte, die dem Entschluß Dianas folgte, daß nämlich der Hund des Jägers seinen zum Hirsch gewordenen Herren zerreißt. Wer die Sage so phantastisch erleben will, soll sich zur Sammlung des Grünen Gewölbes begeben. Zu irgendeinem feierlichen Jagdanlaß, höchstwahrscheinlich in Moritzburg, dem vorzüglichen Revier für derartige Vergnügungen, hat August seiner jagdbegeisterten Geliebten und Ehefrau zur Linken das »Bad der Diana« überreicht. Wie müssen dabei ihre Augen gefunkelt und sich die Blicke der Kavaliere erregt zwischen dem Schmuckstück und seiner damit beschenkten Jägerin verfangen haben. Der Pokal lebt noch immer und steht schweigend in seiner kunstvoll beleuchteten Vitrine aus festem Glas. Menschen aus aller Welt bewundern ihn.

Beim Anblick des »Bades der Diana« und des »Goldenen Kaffeeservices« empfand ich so etwas wie eine Begeisterung über die Zeit der Entstehung beider Kunstwerke und die mit ihnen verbundenen Reize – damals und heute.

Moritzburg

Seit sich 1542 Herzog Moritz von Sachsen, *»der gewiß zu den wichtigsten Fürsten des Reformationszeitalters gezählt werden darf, entschlossen hatte, auf einer felsigen Landzunge zwischen zwei Seen ein dreistöckiges Herrenhaus im Renaissancestil zu erbauen«*, entwickelte sich das Revier um Moritzburg zum beliebtesten Jagdgebiet der Wettiner. Der Friedewald mit seinen dazwischenliegenden flachen Teichen erlebte auch das Geschick und Können der die hohe Jagd beherrschenden und ausübenden Gräfin Cosel. Das heutige Schloß Moritzburg mit seiner harmonischen Einbindung in die reizvolle Teichlandschaft gewährt seit 1736 nahezu unverändert seinen prächtigen Anblick. 1723 begann Pöppelmann mit dem wirkungsvollen Umbau des Jagdschlosses. Den Räumlichkeiten vordem, die August der Starke vor allem mit seiner Geliebten Aurora von Königsmarck und später mit der zur greifbaren Diana erwachsenen Constantia von Cosel nutzte, fehlte noch die barocke Größe. Trotzdem bot die Herberge allen Komfort zur genießerischen Kompensation der vom Jagdvergnügen ausgehenden Gelüste. Die 1672 geweihte Schloßkapelle, die August der Starke durch seinen Übertritt zum Katholizismus der Reformation wieder entzog, zeigt uns heute *»einen der wenigen erhaltenen Innenräume dieser Zeit im Dresdener Raum«*. Vom Altar abgesehen, ist er sozusagen auch ein Zeitzeuge der Gräfin Cosel. Inwieweit die Jagd um Moritzburg oder das Vergnügen im Schloß und auf den Teichen auch die Andacht in den Tagesablauf der lustigen Gesellschaften einbezog, obliegt den subjektiven Vorstellungen moderner Besucher. Mir genügte allein die Tatsache des original erhaltenen Kapellenraumes, um

Schloß Moritzburg, verspielte Details vor barocker Fassade

meine Gedanken auf jene hier lebendig erlebte Jagdgöttin einzustimmen.

Ob August in unmittelbarer Nähe die reizvolle Szene
des Aktäon, unbestraft von Diana, womöglich selbst
nachstellte? Vielleicht gab es dafür eine Bademöglich-
keit, welche der göttlichen Geliebten die Übertragung
ihrer majestätischen Reize auf den königlichen Jäger
ermöglichte. Ein derart die tatsächliche Verführung
förderndes Behältnis hätte dann im Wert bestimmt
ein mehrfach höheres Ansehen erlangt als die teure
Chalzedonschale aus Dinglingers »Bad der Diana«. Die
Verknüpfung der beiden verschiedenen Wertschätzun-
gen geht unzweifelhaft mit den damaligen Ereignissen
im Jagdschloß Moritzburg konform. Auch die jetzige,

durch August den Starken und seinen genialen Hofbaumeister veränderte, *»höchst imposante Anlage, die dem
Geschmack dieser beiden großen Männer entsprochen
haben muß«*, läßt die Erinnerung an jene Erscheinung
von Wolfenbüttel zu, die sich hier mehrfach im hellsten
Licht und in nicht wiederholter Ausstrahlung zeigte.

Meißen und Johann Friedrich Böttger

Wenige Kilometer von Moritzburg entfernt liegt Meißen. Der weithin sichtbare Gebäudekomplex Albrechtsburg/Dom beherrscht die bekannte Silhouette der Stadt an der Elbe. Ihren Ruhm verdankt sie hauptsächlich einem der bedeutendsten Zeitgenossen der Gräfin Cosel, dem um zwei Jahre jüngeren und von ihr sehr geschätzten Johann Friedrich Böttger. Der Erfinder des europäischen Hartporzellans avancierte zum ersten Direktor der weltbekannten Meissener Porzellanmanufaktur, die seit 1710, zunächst geheim, auf der Albrechtsburg ihr Domizil hatte.

Die experimentellen Vorarbeiten, um die richtige prozentuale Mischung von Feldspat, Quarzsand und Kaolin herzustellen, fanden allerdings in der befestigten Dresdener Jungfernbastei statt, und niemand anderes als die Gräfin Cosel beeinflußte dabei in nicht hoch genug einzuschätzender Weise den berühmten Chemikus.

August der Starke besuchte in Dresden oft den auf sein Geheiß hin dort gefangengehaltenen Alchimisten, um den Stand bei der erhofften Goldsynthese zu erfahren. Aus Unterlagen des Memoirenschreibers Haxthausen, der Böttger als

Dresden
ehemalige Jungfernbastei
Böttgerdenkmal

»Apothekerjungen – ohne Bildung, ohne Genie, ohne Benehmen« schilderte, geht auch hervor, daß der König Böttgers Labor stets in Begleitung der Gräfin Cosel inspizierte. Dafür gab es zwei wichtige Gründe. Zum einen hatte die der Naturwissenschaft aufgeschlossen gegenüberstehende Gräfin Cosel großes Interesse an Böttgers Arbeiten, ja, sie experimentierte selbst alchimistisch. Dafür hatte sie in Pillnitz ein eigenes Labor eingerichtet, in dem sie zusätzlich noch einen Laboranten beschäftigte. Andererseits gestalteten sich die Besuche der Gräfin Cosel an der Seite Augusts in Böttgers Labor zu Höhepunkten im tristen Dasein des Chemikers, das ihn aufgrund der ungesunden Lebensweise körperlich schon arg geschädigt hatte. Er vergaß dann zeitweise die mit Quecksilber, Arsen, Schwefel, Kohlenoxiden und Ruß geschwängerte düstere Atmosphäre um sich herum und genehmigte sich gehörige Portionen Wein. Die Besuche der schönen, majestätisch wirkenden Gräfin Cosel, die sich so einfühlsam für seine Arbeit interessierte und seinen Fähigkeiten vertraute, packten Böttger. Sein bislang verklärter Blick für Frauen, Auswirkung seiner Abgeschiedenheit, wandelte sich um in ein Gefühl von Liebe, eine ungeheure Kraft für jeden Forscher oder Künstler mit großem Erfolgswillen. Der musisch Ungebildete beneidete seinen Kurfürstenkönig um dessen auffallend schöne hochgebildete und vielseitig begabte Frau zur Linken. Sie faszinierte ihn. Er bewunderte ihre Ausstrahlungskraft, ihren geistvollen Umgangston, der dennoch einen Hauch von Erhabenheit beibehielt, und vor allem ihr Interesse an seiner Arbeit. Für sie war Böttger das große Vorbild für ihren eigenen naturwissenschaftlichen Forscherdrang. Getreu der damaligen alchimistischen Vorstellungen, den Stein der Weisen finden zu wollen, verbrachte sie oft Stunden in Böttgers »Beth-

stübgen« in der Dresdener Sophienkirche und besuchte das thüringische Städtchen Schleiz, den Geburtsort des Genius', dies alles geschah, *»um dem Geist des Meisters nahe zu sein«.* Allerlei Substanzen *»zu chymischen Elaborationen«* kaufte die Gräfin Cosel beim Hofapotheker Werner in Dresden, der auch bei Böttger auf der Jungfernbastei diente. Trotzdem klagte ihr Laborant in Pillnitz seiner Herrin einmal sein Leid: *»Die Natur läßt sich nicht zwingen, das Fundament bleibt richtig, die Coagulation (Goldvermehrung) nimbt zu, aber langsam, weil der Meister (Böttger) gefunden, daß der Mercurius zu wäßrig sey und zu wenig Feuer habe.«*

Trotzdem muß Optimismus auch diese interessante Nebenbeschäftigung beeinflußt haben, denn es heißt, daß die Gräfin Cosel in ihrem Pillnitzer Schloß *»im Laborieren große Conduite und schöne Wissenschaft hatte«.*

Es ist anzunehmen, daß auch nach der Porzellanerfindung Böttgers alchimistische Versuche weiterliefen. In diesem Zusammenhang wird wohl auch der historische Besuch der Gräfin Cosel am 11. Oktober 1711 in Böttgers bewachtem Haus auf der Dresdner Jungfernbastei gestanden haben, über den der Besuchte an seinen Freund Nehmitz schrieb: *»Gestern ist die Gräfin von Coseln bis späten Abend bey mihr gewesen, auch sehr vergnügt zurückgegangen. [...] Sie versprach, bald wiederzukommen und mich öfter zu besuchen.«*

Daß weder sie noch Böttger das Element Quecksilber in Gold umzuwandeln vermochten, ist uns polytechnisch gebildeten, mit naturwissenschaftlichen Grundkenntnissen ausgestatteten modernen Menschen völlig klar. Um so mehr müssen wir dennoch darüber staunen, welche Spontanität damals zu jener glücklichen Porzellanerfindung führte. Das später in Meißen gefertigte Manufakturporzellan erlangte sowohl als kunstvoll dekoriertes Geschirr als auch in der Form gestalteter Figuren und Leuchter höheren Wert als ähnliche Stücke aus bearbeitetem Edelmetall. Schon vom Gewicht her überzeugte das neue Material, verglich man es mit dem einer sehr viel schwereren Tasse, Dose oder Kanne vom »Goldenen Kaffeeservice«. Böttger widmete eines seiner ersten braunen »Majolika«-Tafelgeschirre der Gräfin Cosel, und ein Teeservice aus weißem Meißener Porzellan soll sie auf der Festung Stolpen noch lange benutzt haben.

Leider wird über die gegenseitige Verehrung der beiden Zeitgenossen heute im Meißener Porzellanmuseum nichts berichtet. Das liegt sicher auch daran, daß man die Gräfin Cosel in Kursachsen so sehr vergaß und sie zum Beispiel aus dem großen Wandgemälde in der Albrechtsburg »Kurfürst August werden die Arcana der Fabrik gezeigt« heraushielt. Es ist schlichtweg falsch, sie sei deshalb hierauf unberücksichtigt geblieben, weil sie bei den Besuchen nicht dabeigewesen sei, führt ihre Spur doch unweigerlich hin zu dem Faktum jener alchimistischen Versuche mit dem die damalige Welt bewegenden Resultat der Erfindung des europäischen Hartporzellans. Daß Böttger der Gräfin Cosel in dankbarer Erwiderung für die ihn aufmunternden Besuche, 1714 in Pillnitz selbst unter Hausarrest stehend, eine Zeitlang Sträuße von frischen Orangenblüten aus seiner eigenen Orangerie übersandte, belegt ebenfalls deutlich seine große Sympathie für diese wunderbare Frau.

Ein Schauplatz für andere berühmte Verehrer der Gräfin Cosel war Leipzig. Hier fanden schon damals anläßlich der jährlichen Messen wichtige Begegnungen zwischen bedeutenden Persönlichkeiten des politischen und wirtschaftlichen Lebens jener Zeit statt. In Apels Haus am Markt kann man heute auf einer Tafel solche in die Geschichte eingegangene Gäste verzeichnet finden. Die Gräfin Cosel ist wiederum nicht erwähnt, dennoch ist ihre Begleitung an der Seite

Leipzig, Fürstenhaus
ehemals Apels Haus am Markt
Zustand 1989 während der Leipziger Messe

105

Augusts des Starken hinreichend bekannt. Sie logierte mit ihm im danach benannten »Fürstenhaus« und wohnte wichtigen politischen Gesprächen um die Zeit des Nordischen Krieges bei. Ihr Feingefühl in manch verzwickter politischer Situation berücksichtigte der sächsische Kurfürst bei seinen Entscheidungen oftmals, als König von Polen geschah das dann wohl weniger. Dabei machte er sich auch die Wirkung des Charmes seiner Geliebten auf die Verhandlungspartner zunutze, die, davon fasziniert, auch den politischen Verstand dieser hinreißenden Frau erkannten.

Der schöne Garten, der sich damals dem im barocken Stil neu errichteten Haus anschloß, ist dem modernen, großstädtischen Charakter der von der Großindustrie beherrschten ostdeutschen Messemetropole gewichen. Die Geometrie mehrerer Räume sowie mannigfache Stuckdekorationen aus dem frühen achtzehnten Jahrhundert könnten noch von der Art und Weise erzählen, welche die Gräfin Cosel auszeichnete, wäre nicht der abgebundene Gips zu stummer Zeitzeugenschaft verurteilt.

Weit tiefer in der Vergangenheit steht die sehenswerte Wendeltreppe des Hauses, die sich dem Besucher hinter einem ebenso uralten Portal eröffnet. Als Auf- und Abgang benutzt, werden all die berühmten Gäste in Apels Haus einst über sie gegangen sein.

Auf der anderen, rückwärtigen Seite des Alten Rathauses steht noch heute die »Börse«. Ihr äußerlicher Eindruck hat sich über Jahrhunderte erhalten, nur ein anderes Leben spielt sich inzwischen in ihren Mauern ab. Leipzigs interessierte Besucher speisen und trinken innerhalb und außerhalb der historischen Gemäuer, die damals dem Finanzkapital gehörten.

Auch die Gräfin Cosel wickelte seinerzeit an dieser Stelle in Leipzig größere Finanzgeschäfte ab, und die

Leipzig
ehemalige Börse

bekanntesten Bankiers bescheinigten ihr das außergewöhnliche Talent eines versierten Geschäftspartners.
Viele Geldgeschäfte verband sie mit der Wirtschafts-
führung ihres Gutes Pillnitz. Mit viel Fingerspitzen-
gefühl erwirtschaftete sie Gewinne, mit denen sie spekulierte und die sie ihrem eigenen Lebensunterhalt
beisteuerte. Gerade mit dem Blick auf die Leipziger
Börse konnte ich darüber nachdenken, welche Bös-
willigkeit in der Behauptung unsachkundiger Kritiker
steckt, welche die Gräfin Cosel als Verschwenderin
sächsischen Volksvermögens zu denunzieren versuchen. Vom ganzen Gegenteil könnte die alte Leipziger
Börse berichten. Sparsamkeit und kluges Kalkulieren
zeichnete die Geschäftsfrau »Comtess de la Cossell«
aus, deren Schriftverkehr diese Legitimation aufwies.
Verbindungen der Haushaltsführung aus den Mitteln
der Eigenerwirtschaftung der Unternehmerin mit dem
»Angestelltenverhältnis als repräsentierende Königin«
bei August dem Starken können, wenn gewollt, den

Blick auf die Rolle der Gräfin Cosel verstellen. Daß aber ihre Doppelfunktion auch getrennte Buchführungen verlangt, ist nicht nur jedem Buchhalter, sondern auch allen sachlich denkenden Personen klar. Die gerühmten Festlichkeiten am Hofe des Kurfürstenkönig, deren Ausrichtung der Gräfin Cosel auftragsgemäß oblag, wurden selbstverständlich aus den Mitteln des absolutistisch regierenden Monarchen bestritten. Auch der Schmuck der gastgebenden Geliebten und das Mobiliar in den Festsälen diente der Förderung des Ruhmes Sachsens und seines Regenten. Beides waren Mittel zum Zweck. Es war der Wille Augusts des Starken, nicht der der Gräfin Cosel, in Dresden Pracht und Glanz zu entfalten. Daß ihr diese Rolle lag und sie ihre Aufgabe meisterhaft erfüllte, verdient heute Hochachtung und Anerkennung, nicht Ablehnung und Neid. Jedoch schon damals gönnten bösartige Egoisten einer erfolgreichen, beliebten und geachteten Frau den märchenhaften Eindruck nicht, den sie bei jedem hinterließ. Manche fühlten sich zurückgedrängt, einer sogar zutiefst in seinem Stolz verletzt: Dem Grafen Jakob Heinrich von Flemming gelang es nicht, die Offenherzigkeit der Gräfin Cosel für sich persönlich auszunutzen. Ein Annäherungsversuch an die dem König treu ergebene Ehefrau zur Linken scheiterte. Er, der Drahtzieher ihres daraufhin betriebenen Sturzes, der seine Schandtat später, als diese sympathische Frau vernichtet war, bereute, sicherte seinem König zwar den Ruhm in Polen, aber wenig später verödete nicht nur dessen Leben, auch Sachsens Finanzkasse leerte sich. Der Gegner Constantias, ihr einstiger heißer Verehrer, neben ihr um Einfluß beim König ringend, gewann am Ende den *»Kampf der Günstlinge«*. Doch wo war angesichts all dessen das Herz Augusts des Starken?

Am Grabe Flemmings wollte ich meine gesammelten Erkenntnisse noch einmal aufgreifen und in meinem Inneren bedenken. Dazu unternahm ich einen Abstecher nach Putzkau bei Bischofswerda, nicht weit entfernt von Stolpen. In der Gruft der auf einer Anhöhe gelegenen gepflegten Kirche fand Augusts erster Minister seine letzte Ruhestätte, nachdem man den Toten auf abenteuerliche Weise aus Österreich zu seinem nächstgelegenen Grundbesitz dorthin gebracht hatte. An den gut erhaltenen hölzernen Sarg, den eine noch originale sächsische Fahne umhüllt, herantreten konnte ich nicht, denn der Zugang zum Gewölbe wurde jüngst vermauert. Nur durch ein tiefliegendes Fenster war es möglich, von außen hineinzusehen, und als ich mit sachtem Wurf mein mitgebrachtes obligatorisches Basaltstück aus Stolpen durch die Maueröffnung auf den Sarg warf, prallte der harte Gesteinssplitter mit dumpfem Knall von den Eichenbrettern ab, die den Verstorbenen seit 1728 von der Außenwelt trennen. Wenn auch nur ganz leicht, dürfte der Leichnam einer dadurch erzeugten Luftschwingung ausgesetzt gewesen sein. Ich wollte den dadurch ausgelösten Schreck symbolisch für sein Verbrechen an der treuen Begleiterin Augusts des Starken gewertet wissen.

Als Flemming noch lebte, spekulierte auch er an der Leipziger Börse. Indem er seine Gegnerin isolierte, schädigte er, seine neugewonnene Macht schlau nutzend, das Image der Gräfin Cosel bei den sich unterordnenden, immer auf die Seite des Stärkeren sich schlagenden Geldhändlern. Und so sollte der Geschäftsbetrieb an der Leipziger Börse zur Falle für die dort kurz zuvor noch erfolgreiche und bewunderte Aktionärin

werden, der man bis dahin bedingungslos gehuldigt
hatte. Von der preußischen Stadt Halle aus versuchte
die inzwischen einflußlose Gläubigerin ihre Geldforde-
rungen an die Leipziger Schuldner zu richten.

Friedrich August I. (der Starke), 1670–1733,
Kürfürst von Sachsen,
als August II. von 1697-1706 und 1709-1733 König von Polen
Kopie eines Gemäldes (Ausschnitt) von Louis de Silvestre

Als Student habe ich mich oft in Halle an der Saale aufgehalten. Daß ich die im Krieg und Nachkrieg fast vollständig verlorengegangene Altstadt einmal auf den Spuren der Gräfin Cosel nach Zeitzeugen absuchen würde, hätte ich zwanzig Jahre zuvor nicht gedacht. Um so mehr reizte es mich jetzt, ausgerüstet mit den Erinnerungen aus meiner Jugendzeit, hier nach Spuren der Zeitgenossin Georg Friedrich Händels zu suchen. Ganz in der Nähe des Geburtshauses von Halles großem Komponisten nahm die Gräfin Cosel 1716 Quartier.

Halle/Saale
Kleine Ullrichstraße 7, barockes Hausportal, um 1710

111

Kraszewski benennt in seinem Roman den »Gasthof Zur Preußischen Krone«, Gabriele Hoffmann eine Herberge unweit des »Ballhauses« in einem Gebiet, das heute von der Kleinen Ullrichstraße durchzogen wird. Bis auf eine einzige Hausfassade ist der Straßenzug auf der Seite der anschließenden Moritzburg größtenteils mit aneinandergereihten Neubauten bestückt worden.

Johann Michael von Loen, der uns mit seiner Beschreibung die Ausstrahlung der aus Berlin hierher gekommenen Gräfin Cosel so eindeutig überlieferte, erlebte als damaliger Student ebenfalls die Gegend um Händels Geburtshaus und die Moritzburg. Auch er sah das barocke Portal des Hauses, vor dem ich stand. Nur wenn man seine Worte im Geist Revue passieren läßt, ist das veränderte Umfeld jenes Bodens, auf dem der Vollzug einer entsetzlichen Vernichtung begann, rückwirkend vorstellbar:

»Man kann keine schönere und erhabenere Bildung sehen. Der Kummer, der sie nagte, hatte ihr Angesicht blaß und ihren Blick sehnend gemacht; sie gehörte unter die bräunlichen Schönen, sie hatte große, schwarze, lebhafte Augen, ein weißes Fell, einen schönen Mund und eine fein geschnitzte Nase. Ihre ganze Gestalt war einnehmend und zeigte etwas großes und erhabenes.«

21. November 1716: Ein preußisches Militärkommando verhaftet die Gräfin Cosel hier in dieser Straße, um sie an der Grenze zu Sachsen gegen Deserteure auszutauschen, die sich dem Drill des Soldatenkönigs Friedrich Wilhelm I. durch Flucht nach Sachsen entzogen hatten. Auf demütigende Weise ging die Fahrt am Haus, in dem 1685 Georg Friedrich Händel geboren wurde, vorbei über den Markt. Der »Rote Turm« steht als Zeuge dafür, ebenso die Reste des Leipziger Tores, durch das der Trupp die Stadt Halle verlies.

Ihre große Stunde schien den sächsischen Übergabe-bevollmächtigten zu schlagen, als ihnen ein so hochgestelltes, blühendes weibliches Opfer in die Hände fiel, das sie als Freiwild ansahen.

Merseburg, meine Hochschulstadt, in der ich das fundierte Wissen für meine berufliche Zukunft erwarb, mußte vor 275 Jahren das körperliche und seelische Verbrechen an einer der schönsten und begehrtesten Frauen jener Zeit widerspruchslos hinnehmen. Das Hallesche Tor dort war der letzte Zeitzeuge der majestätischen Gräfin Cosel, von der Johann Michael Loen noch berichtete.

Einen Tag später erfuhren die großen Mauern am Leipziger Tor, die noch heute die enge Straße nach Leipzig flankieren, als erste vom Untergang dieses Frauenideals. In Merseburgs Altstadt nahm man für die Nachtstunden irgendwo Quartier. Vielleicht war es der altehrwürdige Gasthof »Zur Goldenen Sonne«, in dem 1631 Gustav Adolf von Schweden übernachtet und in

Merseburg
Altes Rathaus

dessen Gaststube man mir 1967/68 öfter eine herrliche, urwüchsig scharfe und wohlschmeckende russische Soljanka serviert hatte. Ich schaute alle noch verbliebenen alten Gebäude um den Marktplatz herum an, aber keines verriet sich als Ort des Verbrechens. Mein Studentenkeller »Ölgrube« zog mich in seinen Bann. In ihm hatte ich am Biertisch viele glückliche Stunden verlebt, und seine Gewölbe zeugen noch immer vom fröhlichen Gesang der Merseburger Studenten. Hatte dieser Ort einst die verzweifelten Schreie der Vergewaltigten oder den leisen Atem der Bewußtlosen gehört? Ich lief zu Fuß den Weg der verbrecherischen Eskorte ab. Dabei fiel mir, nachdem ich das Chausseehaus passiert hatte, die bis dahin unbemerkte Schönheit des Ensembles von Merseburger Schloß und Dom im Spiegel der romantischen Saale auf. Es zog mich nach oben. Das sehr gut erhaltene Renaissanceschloß erinnerte mich an Schloß Kronborg. Viele Ähnlichkeiten stellte ich fest, und wieder erinnerte ich mich meiner großen Reise an den Øresund. Ich stellte einen Zeitvergleich an: 1699 bis 1716 – Kronborg bis Merseburg – 17 erlebnisreiche, erfolgversprechende Jahre für Constantia von Brockdorff, Gräfin von Cosel. Danach das Aus.

Ich hatte Schloß Merseburg 1972 als Diplomand zum letzten Male besucht; nun stand ich 1989, nach ebenfalls 17 Jahren grübelnd vor seiner beeindruckenden Fassade. Im benachbarten Dom dankte ich Gott für meinen bis dahin glücklichen und erfolgreichen Lebensweg und betete für das zukünftige Wohl meiner Generation.

Begegnungen mit der Burg Stolpen

Seit jenem Entschluß, dem Lebensweg der Gräfin Cosel nachzugehen und ihr Schicksal aus heutiger Sicht gerechter zu interpretieren als dies allgemein seit 225 Jahren erfolgt war, besuche ich Mitte Oktober jeden Jahres den Ort ihrer neunundvierzigjährigen Isolationshaft, die Burg Stolpen. Am Autobahnabzweig Nossen verlasse ich die schnelle Verbindung von Erfurt, um im nahegelegenen Schloß des sächsischen Ortes der schrecklichen Vorgänge zur Adventszeit 1716 zu gedenken. Ein Interesse der jetzigen Schloßbewohner an den damaligen Ereignissen ist kaum vorhanden, dennoch frage ich hin und wieder zufällige Passanten der gerade restaurierten Schloßanlage nach der Gräfin Cosel. In welchem Gebäudeteil man sie gefangenhielt, konnte mir bisher noch niemand sagen.

Nossen/Sa.
Schloß

115

Fährt man weiter in Richtung Meißen, so bietet der zurückbleibende hochaufragende Felsen des Schloß-berges einen eindrucksvollen Anblick, vor allem, wenn man sich die von vielen Stichen her bekannte Ansicht des Schosses, so wie es früher ausgesehen hat, hinzu-denkt. Józef Ignacy Kraszewski ist es sicherlich an die-sem Ort nicht schwergefallen, sich die Zaklika-Rolle auszudenken, von der die Leser der Sachsen-Trilogie immer wieder besonders gefesselt sind.

Heimatmuseum Nossen (Kreis Meißen)
Stadtansicht von Nossen um 1830 (nach einer alten Lithografie)

Meißens ebenso schönen Burgberg am linken der Elbufer grüßend, schneidet die B 6 nach Dresden stromaufwärts letzte Ausläufer der ausgeprägten Mei-ßener Weinbaulandschaft an. In der sächsischen Lan-deshauptstadt schaue ich kurz nach dem Schloß, zum Taschenbergpalais, zu Frauenkirche, Zwinger und Semperoper. Dann geht die Fahrt weiter über Pillnitz nach Stolpen.

Als am 18. Oktober 1988 die ersten Spenden für eine Blumenbepflanzung in die Meißener Vase am Grab der

Gräfin Cosel geworfen wurden, übernahm ich als Initiator die Pflicht, diese Idee auch angemessen zu verwirklichen. Deshalb beauftragte ich noch 1988 die Erfurter Ingenieurschule für Gartenbau »Christian Reichart«, gestalterische Vorschläge dafür vorzulegen. Doch deren großangelegte, eingefaßte Blumenbeete hätten wohl kaum die Zustimmung der Burgverwaltung in Stolpen gefunden, so daß ich weiter nach einer Lösung suchen mußte.

Der Erfurter Architekt Michael Hardt überzeugte mit dem Projekt eines modernen Blumensockels, der die auf dem Grab der Gräfin Cosel liegende Sandsteinplatte an der Kopfseite fortsetzt und so die Verehrung der einzigen dort beigesetzten historischen Persönlichkeit durch Menschen des ausgehenden zwanzigsten Jahrhunderts symbolisch dokumentiert. Auch Frau Dr. Hoffmann gefiel dieser Plan, der dann, vom Stolpener Bürgermeister Walther offiziell genehmigt, mit einer dafür zweckgebundenen Spendensammlung anläßlich des 225. Todestages am 31. März 1990 den Besuchern der Schloßruine vorgestellt wurde. Eine besonders bedeutsame Zierde für den Blumensockel sollte ein Medaillon aus Meißener Porzellan sein, das, 27 x 50 cm groß, den bereits erwähnten Kupferstich des Damenringrennens von 1709 in hellblauer Unterglasurmalerei mit den blauen Schwertern auf Böttgers gebrannter Mischung zeigt.

Nachdem mir die Ausführung des Projektes glücklicherweise gelang, traten, wegen veränderter Besitzverhältnisse und aus Unwissenheit, Anfeinder auf den Plan, die ihre Macht gegen den Willen der über dreitausend bewußten Spender einsetzten.

Der 17. oder 18. Oktober ist der Geburtstag der Gräfin Cosel. Die Tatsache, die sie für sich in Anspruch nehmen kann, trotz mannigfacher Bemühungen über die Jahrhunderte nicht vergessen worden zu sein, erfreut jeden Menschen an ihrem Grab in der durch napoleonische Heere 1813 zerstörten Burgkapelle. Die von frischer herbstlicher Luft umwehte Grabstätte war lange Zeit von ödem schutthaltigem Boden bedeckt, den nicht einmal eine Blumenvase, geschweige denn eine festwurzelnde Zierpflanze schmückten. So mußten bis zur Errichtung des Blumensockels am 18. Oktober 1990 die von Besuchern mitgebrachten Blumen entweder auf die Grabplatte gelegt oder in mit Steinen umlagerte Vasen gestellt werden. Die Gesichter derer, die zum Beispiel am Geburtstag der Gräfin Cosel hierherkommen, hellen sich auf, wenn, wie auch immer dekoriert, frische Blumen das Grab der berühmten Gefangenen schmücken. Wie prachtvoll und würdig könnte sich die Grabstätte das ganze Jahr über den Besuchern darbieten, befolgte man den Willen der Spender des Pirnaer Sandsteines mit seinem ursprünglich geplanten wertvollen Meißener Unikat. Jedem Burgführer fiele es beim Anblick des bei jeder Witterung leuchtenden Porzellangemäldes an der Blumenstele nicht schwer, die Herzen seiner Gäste zu bewegen.

Reporter der »Dresdner Neueste Nachrichten«, die zufällig am 31. März 1993, dem 228. Todestag der Gräfin Cosel, die Burg Stolpen für eine Berichterstattung aufsuchten, schienen schon angerührt zu sein, als sie auf der Grabplatte vor dem gerade mit Stiefmütterchen bepflanzten Blumensockel ein Herz aus frischen Kamelienblüten vorfanden. Sie begannen ihre Reportage am 16. April 1993 mit einer farbigen Großaufnahme von der geschmückten Grabstätte und beschrieben freundlich die Absichten des *»posthumen Verehrers aus Erfurt«*, der die abgefallenen Blüten der in ganz Europa bekannten Pillnitzer Kamelie am Todestag der Gräfin Cosel nach Stolpen brachte und damit das Grab der einst von

August dem Starken am meisten geliebten Frau verzierte. Ich wertete die von der Dresdener Presse veröffentlichte Wertschätzung des Coselgrabes auf der Burg Stolpen als Bestätigung für meine Ansicht, daß dieser bescheidene Ort innerhalb des Ruinengeländes ein wichtiger, vielleicht der wichtigste Anziehungspunkt für all die Menschen ist, die von Sachsens großer Zeit unter August dem Starken begeistert sind. Am Grab der Gräfin Cosel begreifen sie aber auch, wie grausam und ungerecht das sächsische Herrscheridol in seiner für die deutsche Geschichte einmaligen Form zu handeln vermochte.

Burgruine Stolpen
ehemalige Kapelle
Coselgrab

Selbstverständlich interessieren sich die jährlich über einhunderttausend Besucher der Basaltruine auch für die damaligen Haftbedingungen der Gräfin. Leider ist das Zeughaus, in das man die an Leib und Seele fast zu Tode gequälte, einst so strahlende, majestätische »Diana« am 25. Dezember 1716 einschloß,

119

oberirdisch völlig zerstört worden, und so ist es heute niemandem mehr möglich, das von der Gefangenen in vielen Briefen geschilderte düstere Gefängnis direkt in Augenschein zu nehmen. Der Coselturm aber, der ihr ab 1744 bis zum Tode als letztes Quartier diente und noch nahezu unverändert erhalten ist, beeindruckt die Touristen aus nah und fern. Jeder Stein dieser schrecklichen Herberge für eine so wunderbare Frau zeugt vom Martyrium seiner einstigen Bewohnerin. Während die meisten Besucher des Museums die restaurierten Turmgemächer gerührt und teilweise sichtlich betroffen verlassen, gibt es leider auch Barbaren, denen eine Erinnerung an historische Persönlichkeiten höchstens

Burgruine Stolpen
Coselturm

ein Verbrechen am sorgsam gehegten Kulturgut wert ist. So entwendeten 1993 gemeine Schufte aus dem einstigen, als Wohnunterkunft für die Gräfin Cosel ausgestatteten Raum u.a. drei Gemälde, die ihre Kinder mit August dem Starken, Augusta Constantia, Friederike Alexandria und Friedrich August von Cosel zeigten. Schon einige Jahre zuvor hatten andere Gangster versucht, den Sarg der 1728 zwanzigjährig verstorbenen Augusta Constantia in der Gruft der Kirche zu Schönfeld, der Begräbnisstätte derer von Friesen, aufzubrechen. Erschütternde Ereignisse unserer Zeit!

Hier ruht die hochgeborene Frau Frau Augusta Constantia Gräfin von Friesen. Ihrer Königl. Majestät in Pohlen und Churfürstl. Durchl.
zu Sachsen Herrn Friedrich Augusti mit Frauen Annen Constantien Gräfin von Kossel, einer geborenen von Brockdorff, erzeugte, während dem Reichsvicariat Anno 1711 legitimirte natürliche Tochter. Ward geboren den 2. Februarii 1707* in Dreßden, verehelichte sich mit den hochgebohrnen Herrn Heinrich Friedrichen Grafen von Friesen, Höchstgedachter Ihrer Königl. Majestät Geheimen Cabinetsminister u. Ober Kammerherrn den 25. Juni 1725 und starb, nachdem sie mit selbigen zwei Söhne, namentlich August Heinrichen und Friedrichen, Grafen von Friesen erzeugt, den 4. Februar 1728 in Dresden ihres Alters 20 Jahre 2 Tage
* muß heißen 1708

121

Fast ein halbes Jahrhundert lebte die Gräfin Cosel als Gefangene auf der Festung Stolpen. In Briefen aus ihrer Haftzeit, die dicke Akten im sächsischen Staatsarchiv in Dresden füllen, kann man noch heute die Verzweiflung der unschuldig Eingesperrten nachlesen. Aus ihnen erfährt man auch viel über die erstaunliche Intelligenz und das liebenswerte Wesen der Gräfin Cosel. Wortwahl und Stil machen die Briefe zu kleinen Meisterwerken deutscher Ausdrucksform. Klar und deutlich gehen aus ihnen die Tatsachen ihres zu Unrecht erlittenen Schicksals hervor, wobei uns die Nichtachtung ihrer vielfachen Gnadengesuche auch die Brutalität zweier sächsischer Kurfürsten und Könige von Polen samt ihren Ministerien erkennen läßt. Die von Dresden immer wieder neu befohlenen strengen Haftbedingungen sollten die Ansprüche auf Ehre und Geburt eines wachen Geistes in einer gedemütigten und vergewaltigten Adeligen ein für allemal brechen. Inwieweit das den damals Herrschenden gelang, möge jeder darüber Nachdenkende für sich selbst entscheiden, denn der Lebensmut der Anna Constantia von Cosel zerbrach, wenn auch ganz allmählich, infolge der völligen Isoliertheit hinter den ihr immer auswegloser erscheinenden Gefängnismauern; der Nachwelt aber offenbart ihr Schicksal, daß eine auf Gerechtigkeit basierende Willensstärke nicht durch Macht unterdrückt werden sollte.

Nur wenige Begegnungen registrierte die Burg Stolpen mit der heimlich dort Festgehaltenen und dem damaligen Oberkonsistorialrat und Superintendenten Dresdens, Valentin Ernst Löscher. Den immer wieder vorgetragenen Forderungen der starken Protestantin auf seelische Konversation mußte wenigstens ab und zu einmal seitens ihrer mächtigen Gegner entsprochen werden. Zwar nahmen an den Gesprächen befehlsgetreu die Festungskommandanten Holm und Boblick als stumme Zuhörer teil, dennoch wird zwischen der Gräfin und ihrem geistlichen Besucher wohl manch reformierter Gedanke – es ist die Zeit der Entstehung der Dresdener Frauenkirche – ausgetauscht oder gefestigt worden sein, ohne daß die Kontrollierenden etwas bemerkten.

Vielleicht hat Valentin Ernst Löscher daraufhin in Pillnitz während seiner »*tiefergreifenden Festrede*« zur Grundsteinlegung am 24.Juni 1723 sowie zwei Jahre später zur Weihe von Pöppelmanns Weinbergskirche an Luthers Geburtstag auch seine gefangengehaltene Glaubensschwester in sein Gebet eingeschlossen und sich, gleich ihr, darüber gefreut, daß eine wertvolle Verkündigungsstätte der in Pillnitz vollzogenen Reformation nicht verlorengegangen ist.

Valentin Ernst Löscher
* 1673 in Sondershausen,
† 1749 in Dresden
Kupferstich von Christian
Fritzsch, 1734
Staatliche Kunstsammlungen
Dresden, Kupferstichkabinett

Zeitgeschichtliche Folgen
eines historischen Kupferstiches

Im Mai 1990, zweihunderteinundachtzig Jahre nach dem historischen Ereignis, ist das 1718 in Kupfer gestochene Motiv vom Damenringrennen 1709 in Dresden auf Meißener Porzellan gemalt worden. Das von mir in Auftrag gegebene und nunmehr erworbene Unikat mit der wertvollen Nummer 27-90 sollte projektgemäß und nach dem Willen tausender Besucher am Coselgrab auf der Burg Stolpen den neuen Blumensockel aus Pirnaer Sandstein zieren, denn es dokumentiert den Höhepunkt im Leben der dort Begrabenen. Zwei europäische Könige geben der Triumphszene, deren Mittelpunkt die Gräfin Cosel bildet, Glanz und Bedeutung.

Mein Engagement für den Kupferstich hatte mir, unglaublich genug für mein Leben in der DDR, den schon geschilderten Besuch in Dänemark ermöglicht. Das Kunstwerk von einst öffnete mir sozusagen eine sonst unüberwindbare Grenze und nur deshalb, damit ich, der sich ganz bewußt jener Geschichte des Zusammentreffens des Königs von Dänemark mit August dem Starken und der Gräfin Cosel widmete, auf den Spuren dieser Persönlichkeiten wandeln konnte.

Für mich, einen Thüringer mit Leib und Seele, wirkte sich mein Erkundungsgang ins ferne Dänemark – der Ausgangspunkt war das Treffen verschiedener europäischer Herrscher vom Sommer 1709 in Dresden gewesen – auch auf die Beziehungen zu einem Fürstentum in meiner unmittelbaren Heimat aus. Schon meine Jugend war von Sondershausen geprägt, denn oft hatte ich dort meine Großeltern besucht und dann selbst vier Jahre lang in der einstigen Residenzstadt eines der schwarzburgischen Fürstenhäuser gelebt. Christian Wilhelm, erster in den Fürstenstand erhobener Regent von Schwarzburg-Sondershausen, und sein 1678 geborener Sohn, Erbprinz Günther XLIII., hatten 1709 das Glück gehabt, in Dresden dabeigewesen zu sein, als August der Starke die Ausstrahlung seiner bezaubernden Geliebten auf die anwesenden Gäste der Festlichkeiten zu Ehren Frederiks IV. von Dänemark lang anhaltend und allseits sichtbar genoß.

Wie über einige andere thüringische Kleinstaaten bestand auch über Teile von Schwarzburg-Sondershausen immer noch kursächsische Lehnsoberhoheit, die die Macht der Fürsten beschnitt. Für Sondershausen betraf dieser Wettinsche Einfluß die Gemarkung Ebeleben, eine kleine Residenz, deren *»fürstliches Schloß«, das, »etwas höher gelegen, den ganzen Ort überragt, darum ziemlich weit gesehen wird und der Umgebung einen sehr freundlichen Anblick gewährt«.* Prinzessin Christiane Wilhelmine, die sympatische Halbschwester Günthers, lebte seinerzeit hier. 1738 ging sie bei der Einweihung des Jagdschlosses »Zum Possen« in die Sondershäuser Geschichte ein, als sie ihrem zum Fürsten Günther I. avancierten Bruder ein amüsantes Gedicht vortrug. Ihm, dem Zeitgenossen der Gräfin Cosel und vermutlich auch Bewunderer ihres Charmes, gelang es schließlich, die Streitigkeiten zwischen Schwarzburg-Sondershausen und Kursachsen beizulegen, und August der Starke verlieh ihm die höchste Auszeichnung, den Polnischen Weißen Adlerorden.

125

Genauso wie Stolpen ließ ich das grandiose Schloß Sondershausen über zwanzig Jahre lang unbeachtet. Neuerdings besuche ich es mehrmals im Jahr und erinnere mich meiner schönen Jugendzeit. Schloß Sondershausen gilt heute als das bedeutendste Kulturdenkmal Nordthüringens. Ein Konzert im barocken »Achteck-Haus« zu erleben, ist ein wirklicher Genuß. Aber natürlich hat es auch seinen Reiz, in den prachtvollen Räumen des Schlosses umherzuwandeln, in denen einst Fürst Günther und sein Vater Christian Wilhelm lebten. Leider habe ich die Gräber der beiden Fürsten in der Sondershäuser Trinitatiskirche noch nicht besichtigen können. Ein Stück Stolpener Basalt auf die Särge derer zu legen, die beim Damenringrennen 1709 in Dresden meine thüringische Heimat als Gäste vertraten und dort die Gräfin Cosel als eine der schönsten und geachtetsten Frauen der damaligen Zeit bewundern konnten, wird mir aber irgendwann bestimmt noch möglich sein.

Unmittelbar an der Grenze zur Unterherrschaft des Fürstentums Schwarzburg-Sondershausen, in Gangloffsömmern, kam am 13. August 1700 ein für Sachsens Geschichte bedeutender Mann zur Welt: Graf Heinrich von Brühl. Neben Macht und Luxus sagt Kraszewski dem damaligen Premierminister unter Kurfürst August II. (als König von Polen August III.) in seinem Roman »Brühl« ein besonderes Interesse an der Gräfin Friederike Alexandria von Moszinsky, der 1709 geborenen zweiten Tochter der Gräfin Cosel und Augusts des Starken nach. Leider hat auch Brühl die Befreiung der Mutter seiner Geliebten nicht betrieben, obwohl er aufgrund seiner zwiespältigen Machtbefugnisse, die Friedrich der Große extrem verachtete, dazu in der Lage gewesen wäre.

Wie alle anderen erleben auch besonders lebensfrohe Menschen mitunter einmal eine ungerechtfertigte Enttäuschung. Und so sollte meine naive Beschäftigung mit dem Kupferstich einen jähen Dämpfer aufgesetzt bekommen, der von den Anhängern jener überholten historischen und moralischen Ansichten ausging, die eine Verehrung der Gräfin Cosel ablehnen, ja sie sogar als »Kult« diffamieren. Manche von ihnen fühlen sich gekränkt, wenn man die von ihnen propagierte Distanz zu einer »verschwenderischen Mätresse Augusts des Starken« – wie sie meinen – bei öffentlichen Auftritten als unbewiesen zurückweist. Leider mußte ich davon sogar am Grab der Gräfin Cosel erfahren. Anscheinend von den betreffenden Personen beeinflußt, die auch weiterhin das hervorzuhebende Wesen der Gräfin Cosel nicht erkennen wollen, trat schlagartig nach der »Wende« das Sächsische Landesamt für Denkmalpflege in Erscheinung und forderte die sofortige Entfernung des »*Blumentroges*« vom Coselgrab auf der Burg Stolpen. Bedauernd mußte ich in dieser Angelegenheit die Unnachgiebigkeit der heutigen Entscheidungsträger zur Kenntnis nehmen. Das Argument, die einzige in der gotischen Schloßruine beigesetzte bedeutsame Persönlichkeit aus der Glanzzeit Kursachsens mit einer angemessenen Blumenbepflanzung nach dem Geschmack unserer heutigen Zeit zu ehren, fand seit 1992 bei den jetzt zuständigen sächsischen Behörden keine Zustimmung, ebenso nicht der durch den Einigungsvertrag festgeschriebene Umstand, daß Abmachungen früherer Eigentümer und Rechtsträger weiterhin Bestandsschutz haben, sofern sie nicht als sittenwidrig gelten.

Um Streitigkeiten zu vermeiden, folgte ich *»ungeachtet der Divergenzen (...) dieser gesetzten Aufforderung des Eigentümers«*, der seinerseits den aus gezielten

Spenden finanzierten Sandsteinsockel im Frühjahr 1994 abrupt entfernte, und muß ihn nunmehr unterhalb der Burgruine im ehemaligen Tiergarten mit der Ersatzinschrift »In memoriam Gräfin Cosel« aufstellen lassen. Das wunderschöne Meißener Porzellangemälde mit der Triumphszene aus dem Damenringrennen von 1709 an der dort ungesicherten Position anzubringen wäre dann verständlicherweise wenig sinnvoll.

Infolgedessen erachte ich es als meine Verpflichtung, das wertvolle, von mir persönlich bezahlte Kunstwerk an geschützterer Stelle für kommende Generationen aufzubewahren, bis der umfangreiche Erkenntnisstand der Gabriele Hoffmann das alte Klischee aus den Köpfen der auf das Grab der Gräfin Cosel Einfluß nehmenden Gremien verdrängt hat.

Ein ganz besonderes Ereignis erklärte den Ärger um den plötzlich umstrittenen Blumensockel am Coselgrab vorübergehend zur Nebensache und machte mich in Hinblick auf meine Verehrung der Gräfin Cosel wieder fröhlich.

Am 16. März 1994 sah ich meine Stunde gekommen, den im Jahr 1988 der Regierung der DDR als Staatsgeschenk vorgeschlagenen Kupferstich dem dänischen Königshaus nun selbst zu übergeben. Königin Margarethe II. kündigte sich ganz in meiner Nähe an: sie besuchte Weimar, die deutsche Klassiker- und europäische Kulturstadt 1999.

Mit einem Fotoabzug vom Original, den ich von der Sächsischen Landesbibliothek in Dresden gekauft hatte, fuhr ich am Morgen des Besuchstages in die durch Großherzog Karl August und seine kluge Mutter Anna Amalia berühmte Nachbarstadt. Goethe, Schiller und all die anderen, die einst in der Gunst der herzoglichen Familie gestanden und Weimars Ruhm weltweit begründet hatten, waren Anziehungspunkt für die hohen Besucher aus unserem nördlichen Nachbarland. Vor dem bekannten Gasthof »Weißer Schwan« suchte ich Kontakt zur Protokollabteilung der Thüringischen Staatskanzlei, um mein Vorhaben zu erklären, Königin Margarethe II. das Foto jenes Kupferstichs zu überreichen. Natürlich sah man offiziell im übervollen Ablaufplan des Staatsbesuches für eine solche Nebensächlichkeit keine Möglichkeit, dennoch räumte man mir die Duldung einer sich zufällig ergebenden Chance für eine mögliche Übergabe ein. Und so wartete ich auf die Ankunft der Königin.

Ich hätte ihr die Tür der schwarzen Limousine persönlich öffnen können, als der Konvoi unmittelbar vor mir anhielt. Solch einen »Überfall« hielt ich jedoch nicht für zweckmäßig. Viel lieber mischte ich mich unter die der sympathischen Königin aus Kopenhagen zujubelnde Menge. Leider hatte ich in der Aufregung meinen Danebrog zu Hause vergessen, was ich im nachhinein sehr bedauerte, weil niemand in Weimar auf die Idee gekommen war, die dänische Königin, wie sonst in aller Welt üblich, fröhlich mit der Nationalfahne winkend, zu begrüßen. Das Festessen im »Weißen Schwan« wird sie hoffentlich für diese Unterlassung entschädigt haben, sie verbrachte immerhin zwei Stunden in Goethes Weimarer Stammlokal, das seinem Haus am Frauenplan gegenüberliegt. Inzwischen wurden einige Presseleute auf meine Ungeduld und die große Papierrolle aufmerksam, und sie befragten mich nach meinem Vorhaben. MDR-Radio Thüringen sendete meine Antwort nur wenig zeitversetzt, und ein sehr freundlicher kleiner Artikel in der »Weimarer Allgemeine« schilderte am Folgetag den erfolgreichen Abschluß meiner privaten Mission. Als die Königin und ihre Begleitung sich vom Goethe- zum Schillerhaus begaben, attackierte ich die Sicherheitskräfte ein wenig, streckte meine weiße Papierrolle weit über deren Köpfe hinweg und rief laut: »Majestät, majestæt, ich habe ein Geschenk für Sie!«. Als die persönlichen Beschützer der Königin bemerkten, daß Ihre Majestät tatsächlich stehenblieb und zu mir herüberschaute, unterbrachen sie ihrerseits das heftige Schulterdrücken zwischen mir und den deutschen Sicherheitskräften und öffneten mir den direkten Weg zur Königin. Ich entrollte mein Bild und schilderte der Königin in wenigen Worten, daß dieser Kupferstich von der 1709 stattgefundenen Begegnung ihres Vorfahren bei August dem Starken und der Gräfin Cosel im Dänischen Nationalmuseum Schloß Frederiksborg fehlt, weshalb ich ihr heute eine Fotografie des Originals überreichen wolle. Lächelnd nahm Königin Margarethe II. mein Geschenk an.

Plötzlich war ich wiederum von Reportern umringt, die ich noch einmal über mein Geschenk an die Königin informierte. Ich erläuterte, daß der Sinn meines Geschenks darin bestehe, die 1718, als der Stich entstand, vor Frederik IV. versteckte und neun Jahre zuvor von ihm bewunderte Gräfin Cosel auch der dänischen Nachwelt nahezubringen.

Wesentlich ruhiger und sehr gemütlich geht es im Stolpener Gasthof »Goldener Löwe« zu, wenn man in dessen Gaststube Platz genommen hat, ein gepflegtes Bier trinken und auf ein gutes Essen warten kann. Der wache Blick verfängt sich währenddessen in den wunderschönen Glasmalereien, die das altehrwürdige Gasthaus schmücken. Und siehe, da ist er auch, der Kupferstich von 1718. Unverkennbar und für Stolpen als eine Selbstverständlichkeit leuchtet das berühmte Motiv in die Gaststube hinein. Seine Unterschrift enthält mit

130

1706 zwar eine falsche Jahresangabe für den Besuch des dänischen Königs in Dresden, aber was bedeutet das schon im Vergleich zu neunundvierzig Jahren Haft einer königlichen Braut hinter den berüchtigten einheimischen Gefängnismauern. Alle Jahre wieder bewundere ich diese Glasmalereien, die mit ihrem Bezug zur Gräfin Cosel die Gäste des »Goldenen Löwen« wie ein Reigen umtanzen.

Thüringer 🛡 Allgemeine

Kupferstich-Kopie für die dänische Monarchin
Autogramm-Wunsch wurde nicht Wirklichkeit

Donnerstag, 17. März 1994

WEIMAR (se). Nur einem Mann gelang es, das Protokoll und die Polizeipräsenz – die die Monarchin übrigens verärgert haben soll – zu durchbrechen. Matthias Unger (45) drängte sich am Schillerhaus rufend in den Troß um das Königspaar, um ein Präsent zu übergeben: Lächelnd nahm Margrethe die Kopie eines Kupferstiches an, die die Gräfin Cosel, den dänischen König Frederik IV. und August den Starken 1709 in Dresden zeigt.

Zwei Jahre bevor das Werk 1718 fertig war, ließ August die Gräfin inhaftieren. Der Kupferstich erreichte daher nie das dänische Königshaus, was der Verehrer der Gräfin Cosel gestern nachholte. Stunden hatte er darauf gewartet.

Während sich sein Wunsch erfüllte, schafften es drei Mädchen nicht, ein Autogramm der Königin zu bekommen. Sie wurden fast überrannt.

WEIMAR APOLDA

VERTEILTE AUFLAGE 63 800

4. JAHRGANG NUMMER 12 23. MÄRZ 1994

ALLGEMEINER ANZEIGER

Der Versuch der Gräfin Cosel, auf die Politik Kursachsens Einfluß zu nehmen — die Dresdener Frauenkirche wird gebaut

Die wohl von allen Historikern unbestrittene Intelligenz der bedeutendsten Frau im Leben Augusts des Starken hatte ihr fortschrittliches Gedankenfundament im Protestantismus. Geprägt durch eine solide Bildung zeichnete sich das Wesen der Anna Constantia von Brockdorff durch geistvolle Argumentation und Konversation aus. Hinzu kamen ein starkes Gerechtigkeitsbestreben, Umsicht und Feinfühligkeit. Den Glaubenswechsel Augusts des Starken und seines Sohnes mußten sie und das ganze sächsische Volk voller innerer Empörung hinnehmen. All ihre tiefgründigen Erkenntnisse und Schlußfolgerungen, ihre weitsichtigen Pläne prallten an den Absichten des Kurfürsten und seines machthungrigen Ministers Flemming ab, die beide die Erfüllung ihrer politischen Ziele darin sahen, die polnische Königskrone zu erlangen. Ungeachtet der großen Opfer, die die Sachsen im Nordischen Krieg von 1700 bis 1721 für das kurze polnische Abenteuer erbringen mußten, verhallten die warnenden und – wie die Geschichte zeigt, auch richtigen – Worte der Gräfin Cosel über dem geplagten Land. Zynisch ließ August sogar die Kapelle in Constantias Palais am Taschenberg katholisch weihen.

Im Ergebnis jener geschichtlich bedeutsamen Auseinandersetzung spaltete sich der kursächsische Hof vom reformierten Volk ab und ermöglichte dadurch dem aufstrebenden Bürgertum, die wichtige Funktion einer Führungsmacht auszufüllen. Besonders den Dresdener Handwerkern und Intellektuellen war die Einflußnahme der Gräfin Cosel auf die Politik Kursachsens nicht verborgen geblieben. Valentin Ernst

Dresden, Frauenkirche
Titelbild eines Kalenders aus den 50er Jahren

Löscher, des Oberkonsistoriums ältestes Mitglied und Superintendent Dresdens, machte in seinen Predigten und Schriften kein Hehl daraus, daß er die Rückwendung Sachsens zum Papsttum verachtete und die Verfechter des Protestantismus bei Hofe würdigte. Löscher wurde mehr und mehr zum Fürsprecher des Volkes, und August der Starke vermied es, Streit mit ihm aufkommen zu lassen. Dies erreichte der Kurfürstenkönig durch geschickte Trennung von Kirche und Staat.

Als der Bruch zwischen August dem Starken und der Gräfin Cosel offen zutage trat, der zur so viele Jahre dauernden Gefangenschaft der leidenschaftlichen Protestantin führte, war Dresdens Superintendent der einzige ihr Vertraute, der die Verstoßene in Stolpen besuchen durfte.

Anna Constantia hat das Entstehen der neuen Frauenkirche in Dresden nicht sehen dürfen, aber ihr Gedankengut bildete die Triebkraft für die Planung und den Bau der neuen Kirche, die über den katholischen Hof weit hinausragen und dem Bürgerwillen ein ewiges Denkmal setzen sollte. In seiner historischen Predigt am 26. August 1726 zur Grundsteinlegung des bedeutenden Gotteshauses erwies Valentin Ernst Löscher der evangelischen Kirche und all ihren Anhängern einen zukunftsweisenden Dienst. »Das Göttliche Glückzu« zum Errichten eines großen Werkes der Menschheit verknüpfte er mit der moralischen Wahrheit, die allein aus dem Evangelium zu entnehmen und immer unverfälscht und frei von Anmaßung wiederzugeben sei. Nachdem er mehrfach Kritik übte am *»Vorgehen der römisch Gesinnten«* und am Glaubenswechsel des sächsischen Hofes, nennt er die 1726 in Dresden anzutreffenden Gruppierungen sowie deren unterschiedliche Einflußbereiche. Er interpretiert den Neubau der Frauenkirche sehr geschickt als Meilenstein zur Bewahrung der evangelisch-lutherischen Freiheit in Sachsen: *»Es ist ja eine unverdiente Wohlthat des getreuen Gottes, daß er dem geliebten Dreßden die Gnade giebet, daß wir nicht nur unter dem Schutz Unsers Allergnädigsten Königs und Churfürsten das Wort Gottes predigen und ungehindert hören können, und das Werck des Herrn noch unter uns getrieben wird; sondern auch daß dieses zum Fall sich neigende Gottes-Hauß die nun fast hinfallende Kirche wieder aufzubauen, ist erlaubet worden.«*

Seine allgemein theologischen Ausführungen streif-
ten auch menschliche Schicksale, denen *»der grosse
Wohlthäter ... auch nach dem Fall so gern in allewege
Gutes thun wolte«*. Den Auswirkungen langer Gefangenschaft, Ungnade und Feindschaft versuchte er immer-
während en Trost entgegenzusetzen. Obwohl er die verschleppte Gräfin Cosel nicht beim Namen nennt,
zeugten seine Worte von der genauen Kenntnis ihres
ungerechten Schicksals, für das er öffentlich Gottes
Gnade und Barmherzigkeit erbat. Zehn Jahre nach
Beginn der Inhaftierung der Gräfin, die in ihrem Denken mit ihm übereinstimmte, trat er an bedeutsamer
Stelle für die Verfechtung des reformierten Glaubens in
Sachsen ein.

230 Jahre später, ohne Bezug auf die Gräfin Cosel zu
nehmen, legte uns Max Seydewitz in seinem erschüt-
ternden Buch »Die unbesiegbare Stadt« die gleiche
politische Konstellation, die den Bau der Frauenkirche
begleitete, vor. Mitunter marxistisch geprägt, was jedoch
den Wahrheitsgehalt eher deutlich macht als schmälert,
lassen sich in heutiger Sprache jene Kämpfe um den
Bau der Frauenkirche sehr gut verstehen. Er beruft
sich auf *»bürgerliche Geschichtsschreiber, die den Bau der
Frauenkirche als einen Protest der seit dem Auftreten Luthers evangelischen Bevölkerung Sachsens gegen
seinen Kurfürsten, der zum Katholizismus übergetreten
war, ... bezeichneten.«* Die erste dieser »Geschichtsschreiber« war die Gräfin Cosel.

Heute leben wir im Zeitalter einer versuchten Öku-
mene. Damals stritten die Menschen über ihre Konfes-
sion und deren Denkmäler. August des Starken Sohn,
der dem katholischen Glauben entgegen seines Vaters
Auffassung strikt unterlag, mißfiel die Beherrschung

der evangelischen »Bürgerkirche« über Dresdens Silhouette, und er ließ deshalb die doppelt so teure katholische Hofkirche erbauen. Beide Kirchen überstanden
das Inferno des 13. Februar 1945 nicht. Die katholische
Hofkirche konnte relativ schnell eine neue Weihe
erfahren, nun werden auch *die Trümmer der Dresdner
Frauenkirche wieder in die >Steinerne Glocke< verwandelt«*.

Mit großartigen Worten benennt Professor Ludwig
Güttler, der zur Zeit amtierende »bürgerliche Geschichtsschreiber«, *»die unmittelbare Nachbarschaft des bedeutendsten protestantischen Kirchenbaus Deutschlands und
der nur wenig später erbauten katholischen Hofkirche als
Ausdruck sächsischer Liberalität und Toleranz«*.

Wenn es gelingt, das einundzwanzigste Jahrhundert
mit den Glocken des dann wiedererstandenen mächtigen Kuppelbaus George Bährs einzuläuten, wird die
Erinnerung an die Entstehung, Bedeutung und Vernichtung dieses wertvollen protestantischen Bauwer-
kes über weitere Generationen hinweg eindrucksvoll
fortbestehen. Jede Unterstützung für solch ein leben-
diges Kulturerbe ist deshalb wahrlich sinnvoll.

Dresden, die Stadt an der Elbe, als Elbflorenz weithin gepriesen, wird seinen Ruhm als Metropole
europäischer Kunst und Kultur weiterhin behalten.
Triumphal begann die glanzvolle Ära dieser Stadt 1709
unter August dem Starken. Dabei stand dem sächsischen Kurfürsten und König von Polen mit der Gräfin
Cosel eine faszinierende Frau zur Seite. Die Erinnerung
an eine der großartigsten Persönlichkeiten des Spät-
barock und ihre Bedeutung für Dresden wird uns vor
dem Ensemble von kurfürstlichem Schloß, Taschenbergpalais und Frauenkirche auch in späteren Jahren
möglich sein. Dies gilt ebenso für die Kleinodien im

Grünen Gewölbe und deren Zeugnis für das enge, von Zuneigung und Hingabe geprägte Verhältnis zwischen dem Kurfürstenkönig und seiner Geliebten.

Für mich als Mitglied Nr. 1254 der Gesellschaft zur Förderung des Wiederaufbaus der Frauenkirche Dresden wird es einen weiteren Höhepunkt im Leben geben, wenn ich die Einweihung der wieder-erstandenen Frauenkirche miterleben kann. Neben den vielen Eindrücken, die das zu erwartende Ereignis prägen werden, wird meine Andacht im geschichts-trächtigen Gotteshaus auch die Gräfin Cosel einschließen. Allein für sie werde ich aus dem neuen Evangelischen Gesangbuch das mir wertvolle und vertraute Kyrie eleison singen.

Möge dies für die Zeit in Ewigkeit gelten!

Literaturverzeichnis

Apfelstedt, F.: Beschreibende Darstellung der älteren Bau- und
    Kunstdenkmäler des Fürstenthums Schwarzburg-Sonders-
    hausen. In Commission bei Friedr. Bertram's Hofbuchhandlung
    Sondershausen 1886, Reprint im Verlag G. & M. Donhof Arnstadt
    1993
Bärnighausen, H.: Die Fürsten von Schwarzburg-Sondershausen.
    Hrsg. von der Sondershausen-Information,
    Sonderheft-August 1990
Behling, Holger/Paarmann, Michael: Schloß Gottorf – Glanz und
    Elend des Fürstengartens. Hrsg. vom Landesamt für Denkmal-
    pflege Schleswig-Holstein als Nr.5 der Reihe »Baudenkmale in
    Gefahr«, Kiel 1981
Bressand, Friedrich Christian: Salzthalischer Mäyen=Schluß.
    Faksimile des Exemplars der Herzog August Bibliothek Wolfen-
    büttel von 1694, Textb. 362, Berliner Bibliophilen Abend, 1994
Czok, Karl: Am Hofe Augusts des Starken. Edition Leipzig,
    Leipzig 1989
Czok, Karl: August der Starke und Kursachsen.
    Koehler & Amelang, Leipzig 1987
Fürst, Reinmar/Kelsch, Wolfgang: Wolfenbüttel – Ein Fürstenhaus
    und seine Residenz. Hrsg. Stadt Wolfenbüttel o. J.
Gerkens, Gerhard: Das fürstliche Lustschloß Salzdahlum und sein
    Erbauer Herzog Anton Ulrich von Braunschweig-Wolfenbüttel.
    Selbstverlag des Braunschweigischen Geschichtsvereins 1974
Gosebruch, Martin: Der Braunschweiger Dom und seine Bild-
    werke. K. R. Langewiesche Nachf., Königstein im Taunus 1980
Gretschel/Menzhausen/Karpinski: August der Starke und
    seine Schlösser. Ellert & Richter Verlag, Hamburg 1991
Güttler, Prof. Ludwig: Der Wiederaufbau der Frauenkirche zu
    Dresden. Hrsg. Stiftung Frauenkirche Dresden e.V. und die
    Gesellschaft zur Förderung des Wiederaufbaus der Frauenkirche
    Dresden e.V., Dresden o. J. (1993)
Hagen, Dr. Rolf: Museum Schloß Wolfenbüttel.
    Georg-Westermann-Verlag, Braunschweig 1988

Hartmann, Hans-Günther: Pillnitz- Schloß, Park und Dorf.
    Hermann Böhlaus Nachf., Weimar 1981
Hoffmann, Gabriele: Constantia von Cosel und August der Starke.
    Gustav Lübbe Verlag, Bergisch Gladbach 1984
Hoffmann, Klaus: Johann Friedrich Böttger.
    Verlag Neues Leben, Berlin 1985
Kappler, W.: Ein heimatkundliches Heft zum Besuch
    der Burg Stolpen. Hrsg. vom Rat der Stadt Stolpen,
    Burgverwaltung, Stolpen o. J.
Kjersgaard, Erik: Roskilde Domkirke, Roskilde o. J.
Klein, Matthias/Müller, Carola: Die Puppenstadt im Schloßmuseum
    zu Arnstadt. K. R. Langewiesche Nachf., Königstein im Taunus
    1992
Kopenhagen. HB-Bildatlas Nr 32 . HB Verlags- und Vertriebs-Gesell-
    schaft, Hamburg 1982
Kraszewski, Józef Ignacy: Aus dem Siebenjährigen Krieg – Brühl –
    Gräfin Cosel (3 Bde.), Rütten & Loening, Berlin 1987
Löffler, Fritz: Das alte Dresden. E .A. Seemann Verlag,
    Leipzig 1982
Löscher, Valentin Ernst: Das Göttliche Glückzu.
    Christian Robring Dresden 1726, Faksimile der
    Lichtdruckwerkstatt Druckhaus Dresden, Dresden 1994
Möller, Hans-Herbert (Hrsg.): Die Hauptkirche Beatae Mariae
    Virginis in Wolfenbüttel. Niedersächsisches Landesverwaltungs-
    amt Hannover 1987; Vertrieb Verlag CW Niemeyer, Hameln
Ohl, Dr. Manfred: Das Haus Schwarzburg-Sondershausen –
    Herkunft und Werdegang eines alten Thüringischen Adels-
    geschlechtes. Hrsg. vom Schloßmuseum Sondershausen,
    Sondershausen o. J. (1994)
Ott, Wolfgang: Einblick in die Historiographie des Herzogtums
    Sachsen-Meinigen. Hrsg. von Wolfgang Ott und der Jugend-
    gruppe des Rudolf-Baumbach-Clubs Meiningen, Meiningen o. J.
Overmann, Prof. Dr. Alfred: Erfurt in zwölf Jahrhunderten.
    Gebr. Richters Verlagsanstalt, Erfurt 1929
Rumohr, Henning von: Schlösser und Herrenhäuser im
    nördlichen und westlichen Holstein. Verlag Weidlich,
    Würzburg 1988
Seydewitz, Max: Die unbesiegbare Stadt. Kongress-Verlag,
    Berlin 1956
Seydewitz, Max: Dresden – Museen und Menschen.
    Buchverlag Der Morgen, Berlin 1971
Steinmann, Carl: Die Grabstätten der Fürsten des Welfenhauses.
    Verlag von Goeritz & zu Putlitz, Braunschweig 1885
Thöne, Friedrich: Wolfenbüttel - Geist und Glanz einer
    alten Residenz. F. Bruckmann KG, München 1963

Volz, Gustav Berthold: Friedrich der Große und
    Wilhelmine von Baireuth. Bd. 1: Jugendbriefe 1728–1740.
    Verlag von K.F. Koehler, Leipzig 1924
Wilberg, Max: Regententabellen (1906).
    Reprint Transpress Verlag für Verkehrswesen, Berlin 1987
Wilsdorf, Oskar: Gräfin Cosel. Verlag von Heinrich Minden,
    Dresden und Leipzig o. J.
Wolff-Beckh., Bruno: Johann Friedrich Böttger,
    der deutsche Erfinder des Porzellans. o. V., o. J. (um 1900)
Wotte, Herbert: Pillnitz und seine Umgebung. Wanderheft Nr. 27,
    Tourist Verlag, Berlin/Leipzig, 1977
Zimmermann, Ingo: La Collas Weinberg. Union Verlag,
    Berlin 1989

Abbildungsnachweis

(F = Farbseite)

Albrechtsburg Meißen/Evelyn und Dieter Krull, Dresden: F8a
„Allgemeiner Anzeiger Weimar/Apolda": 131
Bild und Heimat Verlagsgesellschaft mbH, Reichenbach: 110, 116
Bernd Burger, Erfurt: F8c
Braunschweigisches Landesmuseum: 81
Jutta Brüdern, Braunschweig: 91
Dick-Foto, Werbestudio und Verlags GmbH, Erlbach/V.: 10
Evangelische Kirche in Deutschland, Kirchenamt, Hannover: 137
Museumsfoto B.P.Keiser, Braunschweig: F4b
Landesamt für Denkmalpflege Sachsen, Dresden: 34
Wolfgang Lange, Wolfenbüttel: 78a, 80
Paul Mehlig, Schönfeld: 121
Dieter Menzel, Wolfenbüttel: 83
PRAUN Kunstverlag- Bildarchiv ARTCOLOR München: 70
Sächsische Landesbibliothek, Abt. Deutsche Fotothek Dresden:
    22, 43, 123
Klaus Schieckel, Stolpen: 31
Barbara Schweitz, Kopenhagen: 71
Wolfgang Simons, Braunschweig: F5b
Staatliche Kunstsammlungen Dresden: 94, Umschlag hinten
Matthias Unger, Erfurt: Umschlag vorn, 35-39, 52-68, 72, 74, 78b,
    85, 93, 99-107, 111-115, 119, 120, F1-F4a, F5a, F6, F7, F8b
Wartburg VerlagGmbH Weimar: 133

Annette Seemann

August der Starke und Gräfin Cosel
Eine historische Liebesgeschichte

wörtliche Wiedergabe
aus dem »Frankfurter Allgemeine Magazin«,
7. Woche, Heft 781 vom 17. Februar 1995
mit freundlicher Genehmigung der Autorin und
der »Frankfurter Allgemeine Zeitung«

Dresden, den 30. November 1704: Der König ist überraschend aus Krakau gekommen, die Bürger flüstern einander zu, im Krieg gegen den jungen Schwedenkönig Karl sehe es endlich nach Waffenstillstand aus. Nach dem langen Heerlager genießt der König Dresden, er geht von einer Assemblee zur anderen, von üppigen Essen zu Bällen. Am 7. Dezember will er soeben an einer Festtafel Platz nehmen, als der Klang der Feuerglocke zu hören ist. Der König läßt sich, guter Landesvater, der er ist, sofort zu dem Brand fahren, im Kreuzkirchviertel stehen fast nur alte Holzhäuser.

Das Haus des Kammerpräsidenten von Hoym in der Kreuzgasse brennt. Kein einfaches Bürgerhaus also, sondern ein stattliches Gebäude, in welchem der alte Kammerpräsident mit seinem Sohn, dem Direktor des neuen Accis-Collegiums, und der frischgebackenen holsteinischen Schwiegertochter wohnt.

Sie, die Madame Hoym, ist es auch, die August in dem Flammenschein als erste wahrnimmt: Eine hochgewachsene Gestalt von untadeliger Haltung in Hofkleidern steht da, zum Ausgehen geschmückt, mit schwarzem Haar, funkelnden Augen und blendendweißen Zähnen. Ein überirdischer Eindruck, wie sie in dem roten Feuerlicht erscheint. Dabei ist sie ganz ruhig, erteilt mit fester Stimme den zum Löschen herbeigeeilten Handwerkern ihre Befehle, die jedermann befolgt. Das Feuer ist endlich unter Kontrolle, doch das große Haus ist ausgebrannt. Jetzt tritt August auf Madame von Hoym zu, sie begrüßt ihn mit tiefem Hofkniks. Ein Gespräch entwickelt sich, in dessen Verlauf die Dame in des Königs Kutsche eingeladen wird, welche den Augen der verblüfften Helfer entschwindet. Die besser Informierten kennen das Ziel der Karosse: das Haus der Gräfin Reuß, wo heute Ballabend ist. Im Hoymschen Haus war seit frühmorgens von nichts anderem mehr die Rede, von der Auszeichnung, die es bedeute, eingeladen zu sein, was man tragen solle, wann man tunlichst erscheine ... vielleicht auch hatte die Zofe das Wachslicht nur deshalb vergessen, weil sie so viel mit Garderobe und Frisur der Madame zu tun gehabt hatte?

Die Brandnacht und die romanhafte Begegnung mit der wunderschönen Frau seines Geheimen Rats haben in August, dem leicht Entflammbaren, neues Feuer angefacht. Persönlich kümmert er sich um ein Unterkommen für das Ehepaar von Hoym, indem er das Fraumutterhaus gegenüber der Brandruine räumen läßt. Persönlich sucht er zwei Tage darauf Constantia von Hoym daselbst auf. Auf seinen Wunsch folgt bei der Gräfin Reuß, die den Braten als erste gerochen hat, eine Abendgesellschaft auf die andere, und immer ist neben dem König auch das Ehepaar Hoym eingeladen, immer bemüht sich der König bis in die Morgenstunden hinein um die schöne Dame, immer sitzt der Geheime Rat im Vorsaal beim Spiel, gewinnt hoch und tut, als ginge nichts ihn an. Seit langer Zeit fühlt sich Constantia von Hoym jetzt wieder einmal wohl, belebt. Ihre Ehe besteht zwar noch nicht lange, doch der kurze Weg ist gesäumt von Leiden, hat den Verlust jeglicher Illusionen bei ihr bewirkt, ja tiefe Resignation und das Gefühl, die Liebe bringe ihr nur Unglück.

August zieht Erkundigungen ein über seine Angebetete, die gute zehn Jahre jünger als er selbst ist. Auf dem Gut Depenau in Holstein wurde Anna Constantia von Brockdorff am 17. Oktober 1680 geboren und in traditioneller Weise aufgezogen. Der Reichtum des Rittergeschlechtes Brockdorff ist in den schwedisch-dänischen Kriegen dahingeschmolzen. Ihre Erziehung umfaßt neben Unterricht im Französischen, Musizieren und der gutsherrschaftlichen Haushaltsführung auch Dinge, die für junge Damen mittlerweile nicht mehr auf dem Unterrichtsplan stehen.

So lernt sie, ebenso wie ihre Brüder, das Schießen mit Pistolen und Gewehr, das Degenfechten und Reiten, auch im Herrensattel. Sie gilt als unerschrockenes, wildes Mädchen und hegt von früher Jugend an eine Vorliebe für die Jagd. Die Mutter läßt Constantia vieles lesen, unterrichtet sie in der Heilkunde sowie in der Kunst der Herstellung von Mitteln für die Schönheitspflege.

Mit der Zusage der Herzogin in Gottorf, das vierzehn Jahre alte Mädchen als Hoffräulein für die Prinzessin Sophie Amalie aufzunehmen, ist Constantias Abschied von der freien Welt in Depenau gekommen. Kein Herrensattel mehr, keine Reithosen: Von nun an trägt sie steife Hofkleider. Lernen muß sie jetzt die Hofordnung wie auch die geistvolle Konversation, die nur beherrscht, wer in Geschichte und Politik bewandert ist. Zu diesem Zweck wird im Zirkel um Sophie Amalie täglich eine Zeitung verlesen und gemeinsam kommentiert. Schließlich darf sich Constantia im höfischen Tanz vervollkommnen. Mit Anmut führt Constantia Menuett, Gaillarde und Courante aus. Kein Zweifel: Das komplizierte und aufwendige Erziehungswerk gelingt, dereinst wird es ihr und ihrer Familie Ehre einbringen, wenn sie den passenden Ehemann findet.

Nach der Vermählung von Sophie Amalie mit dem Erbprinzen von Wolfenbüttel, August Wilhelm, kommt Constantia an den Wolfenbütteler Hof, im Umkreis des kunstsinnigen Herzogs wird sie fast acht Jahre verbringen. Hier wächst sie zu der vielbeachteten Schönheit mit dem länglichen Gesicht, dem kleinen Mund, dem

weißen Taint und schwarzen Haar heran, mit der majestätischen Erscheinung und den vollendet geformten
Händen. Sie wird hier zu der geistvollen Frau, die
Bücher in mehreren Sprachen liest und als Spötterin
gefällt. In Wolfenbüttel verliebt sich Constantia zum
ersten Mal. Des Nachts trifft sie sich mit ihrem Liebsten
in einem der Gartenpavillons. Ist es wirklich Ludwig
Rudolf, der jüngere Sohn Anton Ulrichs, den sie erhört
hat? Constantias Schwangerschaft wird sichtbar, die
Liebe ist aus, und ihre Relegation vom Hof beschlos-
sene Sache. In Depenau nimmt man sie nicht gerade
erfreut auf, aber sie kann zumindest hier ihr erstes
Kind, von dem kein Dokument zeugt, zur Welt bringen.

Im Mai 1703 ist, so scheint es, der böse Traum dann
vorbei, und als Constantia von einem ihrer geliebten
Waldritte heimkommt, vernimmt sie mit Erstaunen,
daß Adolf Magnus von Hoym, der sie im vorigen Karneval in Wolfenbüttel sah und sich dort in sie verliebte, um
ihre Hand anhält. Eine gute Partie ist dieser große, fette
Mann, der in Diensten des sächsischen Kurfürsten und
Königs von Polen Friedrich August steht, das reden ihr
alle auf Depenau ein. Constantia hat keine Wahl. Die
verlorene Ehre wiederzugewinnen ist auch ihre Absicht,
dies ist die Chance, und so tut sie das Ihrige, um den
verliebten Mann an sich zu fesseln. Am 2. Juni findet die
Hochzeit auf Depenau statt. Gleich darauf reist das
junge Paar nach Dresden ab.
    Dort angekommen, muß sie feststellen, daß neben
dem alten Schwiegervater noch jemand in dem Haus in
der Kreuzgasse wohnt, eine Frau. Diese Frau ist Hoyms
Geliebte. Sie will nicht weichen, und nach dem Willen
Hoyms soll sie auch gar nicht weichen. Constantia von
Hoym wird mit den offen ausgetauschten Zärtlich-
keiten des Paares konfrontiert, sie selbst muß sich jede

Brutalität ihres sich als Grobian entpuppenden Gatten gefallen lassen. Im folgenden Frühling erfährt Constantia durch eine Dienerin, die "Frau" habe ihr Zimmer, Bett und Kleider, auch die Kleider Hoyms, "mit Zaubermitteln und Gift" ausgeräuchert. Sie ist entsetzt, und ihr Widerwillen gegen Hoym wächst, sie verweigert ihm die ehelichen Rechte. Hoym rast, droht mit Scheidung, sollte sie sich nicht fügen.

So steht es also um Constantia im Dezember 1704, als der König sich in sie verliebt. Ist nicht ihre gescheiterte Ehe der ideale Nährboden für die Avancen des verliebten Königs? Das meinen auch die vertrauten Diener ihres Herrn, Statthalter Fürstenberg und Stallmeister Vitzthum, die bei Constantia vorsprechen und - eine tüchtige Abfuhr erhalten. Constantia ist empört über das Ansinnen, die Bedingungen auszuhandeln, unter denen sie die Mätresse des Königs werden könne. Mätresse! Wenn sie das Wort schon hört! Als sie noch dazu vernimmt, Hoym habe beim König um ein Darlehen von fünfzigtausend Talern nachgesucht, welches der König geneigt sei zu gewähren, im Falle daß Constantia..., kann sie nur noch mit Mühe Haltung wahren und den königlichen Antrag mit höflichen Worten ablehnen.

Constantia kennt wie jede Dame in Dresden die Geschichte all seiner Amouren en detail. Sybilla von Neidschütz, die er allerdings recht bald an seinen älteren Bruder abtreten mußte, Fräulein von Kessel, Aurora von Königsmarck, mit der er einen Sohn hatte. In Wien liebte August die Gräfin Esterle, die anspruchsvollste aller seiner Mätressen, in Warschau die Lubomirska, dann fand er die Gesellschafterin der Königsmarck anziehend, die junge Türkin Fatime, die er mit seinem Kammerherrn von Spiegel verheiratete. Und das waren nur die »großen« Beziehungen. Jetzt begehrte der König sie selbst, Anna Constantia von Brockdorff, verheiratete Hoym. Wie lange hielt man sich wohl in der königlichen Gunst? Ein halbes Jahr, eines, gar zwei? Und dann? Abtreten in die zweite Reihe, in die Kunst ewig lächelnder höfischer Klug- und Bescheidenheit, wie Aurora das vermocht hatte, oder gleich im hohen Bogen weg vom Hof wie die Gräfin Esterle, die sich zu laut beschwert hatte und jetzt wahrscheinlich nicht einmal eine Abfindung bekommen hatte. Constantias Furcht vor einem dieser bekannten Schicksale ist groß.

Anfang 1705 reicht Hoym die Scheidungsklage ein. Wegen böswilligen Verlassens seiner Frau verlangt er die Aufhebung der Ehe. Constantia, die an allen Hoffesten teilnimmt, weiß jetzt, daß sie August liebt. Sie liebt seine Gestalt, seinen energischen Blick, sein Auftreten, aber vor allem sein tatkräftiges und zugleich kunstsinniges Wesen. Sie hält ihn für einen idealen König. Großzügig zeigt er sich ihr gegenüber, mutig, klug, stark und dabei romantisch. Sie liebt auch seine Pläne und Hoffnungen, die er mit ihr erörtert. Aus Dresden will er mit großartigen baulichen Veränderungen sein Elbflorenz machen, will herrliche Feste feiern, auf denen sie neben ihm strahlen soll.

Also auch umgekehrt: August liebt in Constantia ebenso die gänzende Gestalt, die an seiner Seite Furore machen soll. Von einem Königtum, das sich in Pracht und Schönheit verwirklicht, träumt er. Eine Schwäche in Constantias Augen ist, daß August nicht an Gott glaubt - die Erde ist für ihn Anfang und Ende der Schöpfung, sie soll in ein Paradies verwandelt werden, hier und jetzt, so fordert es die sinnenfrohe Stiernatur. Hat er nicht bedenkenlos, ja lachend sein Luthertum geopfert, um als Katholik in Polen König werden zu können? Auch in den Fragen der Treue fühlt Constantia ganz anders als der Mann, den sie liebt und der sie seit der Brandnacht umwirbt (was ihn keineswegs hindert, sich nach wie vor eine bunte Schaar von Bürgersfrauen, Grisetten, Dirnen oder Adligen zuführen zu lassen). Constantia liebt, aber sie zögert.

Am 12. Mai 1705 feiert der König in Leipzig seinen fünfunddreißigsten Geburtstag. Zu diesem Anlaß ist auch Augusts schwerblütige Gattin Christiane Eberhardine angereist. Es erfüllt sie mit neuer Hoffnung, daß der König seine vormalige Mätresse, die Fürstin Teschen, entlassen hat und daß seine Flamme, die Hoym, stand- und tugendhaft geblieben ist. Zeigt sich der König nicht besonders freundlich zu ihr, der Königin? Dann flüstert man ihr zu, der König sei so aufgeräumter Stimmung, weil Madame Hoym endlich nachgegeben habe, und sie zieht sich enttäuscht zurück.

Der König läßt nach Hoym schicken. Der warnt seinen Herrn und König vor Constantia, ihrem Jähzorn, ihrer Trunksucht, ihrer höllischen Bosheit. Der König lacht und bittet seinen Geheimen Rat, auf die Ehefrau zu verzichten. Aber immer noch hält Constantia den Status der Mätresse für unvereinbar mit ihrer Ehre. Sie begleitet zwar den Hof nach Karlsbad zur Brunnen- und Badekur, sie teilt Augusts Leben, sie läßt sich beschenken, aber sie zögert noch, gewisse Formalien zu erfüllen. Der König legt sich ins Zeug. Das Haugwitzsche Haus neben dem Schloß soll Constantias Palast werden. Langsam wird Constantia mürbe, übernimmt Augusts Auffassung von der »öffentlichen Liebe«. Im stillen glaubt sie, sie werde es besser machen als die Mätressen vor ihr. Und endlich kommt ihr die Idee, wie sie Augusts Wünschen und ihren Befürchtungen zugleich gerecht werden kann. Sie greift auf das alte Institut der Ehe zur linken Hand zurück, für das selbst ein Martin Luther eintrat. August wehrt den Vorschlag ab, indem

149

er ihn modifiziert. Da die Zeichen auf Krieg in Polen deuten und er sich keinen Disput mit der Geistlichkeit im Lande leisten will, schlägt er ihr ein zweiteiliges Abkommen vor. Nach außen soll sie die offizielle Mätresse sein, insgeheim soll jedoch zwischen ihr und August ein Vertrag geschlossen werden, durch den sie seine Ehefrau zur Linken wird. Constantia arbeitet drei Bedingungen aus, unter denen sie Augusts Vorschlag akzeptieren will. Erstens: Die Fürstin Teschen soll vollkommen aus Augusts Leben verschwinden; zweitens: Hunderttausend Taler im Jahr - fast soviel wie die Königin - will sie als Pension erhalten; drittens: Sie will nach dem Tode von Christiane Eberhardine als Kurfürstin von Sachsen und Königin von Polen anerkannt werden, etwaige Kinder aus ihrer Verbindung mit August wären als legitime Prinzen und Prinzessinnen zu behandeln.

August, der Constantia zur Gräfin Cosel gemacht hat, wundert sich über die Höhe der Ansprüche, doch er stimmt allen Punkten zu. Er kann auf Constantia nicht verzichten. Sie darf sich erlauben, was keine Mätresse vor ihr noch nach ihr durfte. Sie teilt sein Leben und seine Gedanken wie kein anderer Mensch.

Constantia ist glücklich – sie hat ihr Eheversprechen, sie fühlt sich geliebt, sie bezieht ihr Haus auf dem Taschenberg neben dem Schloß. Sie erhält zur Einrichtung Leihgaben aus dem Grünen Gewölbe, große silberne Tische, Schalen, Spiegel mit Silberrahmen, wertvolle Gobelins, türkische Teppiche und kostbare Spitze. Vor ihrem Palais bezieht eine doppelte Ehrenwache Posten, eine Auszeichnung, die keiner anderen Person in Dresden zuteil wird. Ihre Erhebung zur Reichsgräfin wird von August betrieben. Kometengleich ist Constantias Aufstieg, strahlend sonnt sie sich in dem Gefühl, der erlesensten Tafel Dresdens vorzustehen, die wertvollen Juwelen zu tragen, die glanzvollsten Gäste um sich zu versammeln. Darüber hinaus ist sie als offizielle Mätresse des Königs von nun an ein bedeutender Machtfaktor in Sachsen, sie steht im Rang über den Ministern und hat neben repräsentativen Aufgaben auch wichtige politische Pflichten. Jeden Nachmittag ist ihr Vorzimmer voll mit bedeutenden Menschen, Diplomaten, Generälen und Adligen, die den König über sie für ihr jeweiliges Anliegen gnädig stimmen lassen wollen. Und die kluge Constantia brilliert bei all ihren Aufgaben.

Dann kommt der Herbst, die von dem Paar gleichermaßen geliebte Jagdsaison, aber auch der Moment, fürs erste voneinander Abschied zu nehmen. August zieht nach Polen in den Krieg, und Constantia, die nun auch rechtmäßig geschieden ist und die den Ehevertrag mit August ihrem Vetter Rantzau zur sicheren Verwahrung im Familienarchiv in Drage übergeben hat, bleibt in Dresden zurück. Sie bleibt allein, denn eine Mätresse ist, wenn der König abwesend ist, so gut wie inexistent. Das ist eine neue Erfahrung für die frischgebackene Gräfin, die rasch von Eifersucht und Zorn ergriffen wird. Ist August in Warschau nicht ständig mit der Teschen, mit Fatime zusammen? Sie zögert nicht lange und bittet den Minister Pflugk um einen Paß für die Reise nach Polen, ein erstes Signal ihrer ungestümen, keineswegs höfisch gebändigten Gefühle.

Verschneit und verregnet ist die Fahrt ins winterliche Polen, die Wagen bleiben immer wieder stecken im Schlamm, Constantia muß in Männerkleidung reisen, sie hält ständig ihre Pistolen bereit. Wird August sich freuen, wenn er sie sieht?

Ja, er ist froh, er ist vielleicht mehr noch geschmeichelt über all die Mühsal, die sie seinetwegen auf sich genommen hat. Es war richtig, nach Polen gereist zu sein. Vor allem wegen der Teschen! Die kleine Fatime ist vom König schwanger, heißt es. Constantia schäumt. Sie hat es geahnt. Und dann die nächtlichen Treffen mit dem angeblichen polnischen Grafen. Sie bleibt wach, bis der König kommt, obwohl er das gar nicht liebt. Er fühlt sich dann unfrei. Ob er sie noch liebt? Entrüstet zeigt er sich, als er sie grübelnd am Kamin findet. Ist er nicht ständig mit ihr zusammen? Constantia droht, sie wolle sich töten, um ihre einmal begangene Dummheit, ihn zu lieben, auszulöschen. Da lenkt August ein, er läßt sogar zu, daß sie ihr Bett in sein Schlafzimmer stellt. Wieder ist er indigniert und gerührt zugleich über Constantias Liebe. Er läßt die Liebe zu, zu mehr ist er nicht in der Lage.

Die Schlachten beginnen jetzt. Constantia bleibt in Warschau und unterstützt den König bei seiner Regierungsreform, die den Räten die Macht nimmt. Aus den Reihen der geschaßten Räte wird die erste Kritik an Constantia laut: Die »Comtesse de Cossel« mische sich allzu stark in die Staatsaffären.

Constantia begleitet den König sogar an die Front. Auch dies hat vor ihr und nach ihr keine Frau für August getan – keine andere war allerdings auch so in den Machtgewinn vernarrt wie Constantia. Es ist Sommer, sie bemerkt, daß sie schwanger ist. Sie geht auf seinen Wunsch ein, nach Dresden zurückzukehren, um das Kind nicht in dem bevorstehenden harten polnischen Winter zu gefährden. Am 29. Oktober 1706 kommt es zur entscheidenden Schlacht zwischen Sachsen und Schweden: Nördlich von Kalisch in Polen besiegt August den Schwedenkönig Karl vollständig. Noch auf dem Schlachtfeld schickt der König eine eigenhändige Nachricht seines Triumphes an Constantia. Doch wie entsetzt ist August, als ihm seine Minister den Friedensvertrag vorweisen, mit seinen demütigenden Bedingungen, auch dem Verzicht auf die polnische Krone zugunsten Stanislaus Leszcynskis. Der Pyrrhussieg von Kalisch verändert August vollständig. Constantia findet einen gebrochenen, verhärteten Mann vor, als sie zu ihm eilt, vergessend, daß sie lange krank war, vergessend, daß die beschwerliche Reise ihrem Kind schaden könnte. Sie treffen sich kurz vor Weihnachten 1706 in Leipzig. August will noch einmal mit Karl verhandeln, er glaubt, durch Demonstration von Pracht und Einheit könne er etwas erreichen, und bittet daher auch Christiane Eberhardine nach Leipzig. Statt Einheit und Harmonie kommt es jedoch zum großen Streit, denn Christiane Eberhardine fordert, die Gräfin Cosel müsse abreisen, wenn sie neben August öffentlich auftreten solle. Constantia steht kurz vor der Niederkunft und will August auf keinen Fall verlassen. Die Bedienten hören das Wortgefecht zwischen dem König und seiner Mätresse bis ins Vorzimmer. Der König soll der Hochschwangeren sogar einen Stoß gegeben haben. Erzürnt reisen beide in verschiedene Richtungen ab. Constantia bringt in Dresden einen toten Sohn zur Welt. Sie selbst schwebt in Lebensgefahr. Sofort jagd der König nach Dresden. Wie ist er dieser Frau verfallen, wie kann sie ihn zur Weißglut treiben mit ihren Forderungen, aber wie begehrt er sie! August wacht Nächte bei der Schwerkranken. Erst am 3. Februar verläßt er Dresden, um die Friedensverhandlungen wiederaufzunehmen.

Ende Februar kann Constantia wieder aufstehen. August ist bei ihr, beide sind in dumpfem Grübeln vereint. Der König spricht vom Abdanken, Constantia über den Tod. Die Liebe ist stark wie nie zuvor und hilft ihnen, die Krise zu überwinden. Dann richtet Constantia Festessen aus: für August, für Sachsen, für die

Zukunft. Sie wird ein neues Kind bekommen. Jetzt heißt es, den anderen zeigen, daß der König von Sachsen nicht am Boden kriecht. Energisch geht er daran, Constantias Palais am Taschenberg neu zu planen. Der Neubau wird Pöppelmanns erstes selbständiges Projekt. Außerdem darf Constantia endlich, Ende 1707, das Gut in Pillnitz an der Elbe übernehmen, samt Wäldern, Weinbergen, Mühlen, Ziegelei, Schmiede und Wirtshaus. Wieder ist Constantia glücklich – August ist ihr nah, der Krieg ist vorbei. Sie steht auf dem Höhepunkt ihrer Macht. Neben der Gutsverwaltung betreibt sie jetzt auch den Geldverleih und verdient so manches nette Sümmchen. Daß man sie immer noch Mätresse nennt, kränkt sie allerdings tief, und jedem, der es hören will, sagt sie, sie sei die Frau des Königs. Man gibt ihr daher den Spitznamen »Hymnen«, nach Hymenäus, dem Gott der Ehe.

Constantia bringt am 24. Februar 1708 ihre Tochter zur Welt, die kleine Augusta Constantia. Wieder schwebt sie in Lebensgefahr, auch diesmal klingt das Fiber nach einigen Wochen ab. August paktiert derweil, sucht Verbündete gegen Karl, um die alte Rechnung begleichen zu können. Er läßt die Wirtschaft ankurbeln und das Heer aufrüsten. Constantia weiß, daß die momentane Ruhe nur die vor einem neuen Sturm, einer neuen Trennung ist. Aber sie ist überglücklich, denn sie darf auch bei den Vorbereitungen zu einem gigantischen Fest mitwirken, das August ausrichtet, als Auftakt der Rückeroberung Polens, für seinen Vetter, König Frederik von Dänemark, mit dem er sich verbündet. Constantia und die Damenwelt sollen im Mittelpunkt des Festes stehen, einem Damenringrennen. Noch einmal flüstert sich ganz Dresden zu: »Das hat keine Mätresse vor der Cosel erreicht!« Der dänische König ist tief beeindruckt von ihr, die übrigens wieder schwanger ist. Aber das fällt noch kaum auf, denn der König höchtpersönlich hat einen girlandenartig gerafften Rock für sie entworfen, »couleur de rose« ist er, und auch die beiden Könige tragen Rosenfarbe, Gold und Silber. Sechzehn Tage lang Lustbarkeiten, dann zieht August überstürzt mit seinen Truppen nach Polen. Constantia will erst die Niederkunft abwarten, bevor sie ihm folgt. Friederike Alexandra kommt am 24. Oktober 1709 zur Welt. Wieder schwebt Constantia in Lebensgefahr. Hals über Kopf eilt der König nach Dresden. Constantia ist zufrieden: August ist, wie bei der ersten Geburt, gekommen, die Mutter hat sich doch erweichen lassen und die kleinen Comtessen nach Depenau mitgenommen.

Die folgenden zwei Jahre verbringt Constantia mit dem König auf Reisen und Feldzügen. In dieser Zeit verändert sich ihre bisherige freundschaftliche Beziehung zu Augusts wichtigstem Minister, dem Grafen Flemming, denn sie kritisiert nun offen dessen Ratschläge. Beispielsweise mißfällt ihr, wie August den von ihm betriebenen Religionswechsel seines protestantisch erzogenen Sohnes als politisches Mittel einsetzt, und sie fordert von Flemming Unterstützung. Auch glaubt sie zu erkennen, daß der König sich mehr und mehr in Abhängigkeiten begibt, vom Zaren, vom Papst. August lacht zwar über ihre Warnungen, doch im Inneren ist er beleidigt wegen ihrer Kritik und beginnt, seine Pläne vor ihr geheimzuhalten. Flemming wird der erklärte Feind Constantias. Flemming mißfallen Constantias Machtgelüste, er hält sie für aufdringlich, unverschämt und herrschsüchtig. Außerdem meint er, es sei falsch, daß der König so viel Geld für seine Mätresse ausgibt.

Merkt Constantia, daß der Wind umschlägt, daß andere Zeiten anderes Verhalten erfordern? Sie ist wieder schwanger. Besonders unausgeglichen wirkt sie diesmal, Angstträume jagen sie. Der König reagiert verunsichert, zieht sich stärker als je von ihr zurück. Flemming malt dem König die schlechten Eigenschaften Constantias und ihre schädliche Wirkung auf die Politik aus und legt als Schwäche aus, was so lange die Stärke des Königs war: sein liebendes Festhalten an Constantia. Auf diese Weise tötet er in August die Gefühle für die ungestüme Constantia, Gefühle, die der König zwar besaß, die jedoch als zarteste Pflanzen seiner Seele den Schutz eines Treibhauses brauchten und den rhetorischen Furur ministerieller Strategie nicht vertrugen.

Flemming stärkt andererseits Augusts Wünsche nach Freiheit und ködert seinen König auf simple Weise – mit einer neuen Mätresse. Eine sinnliche Schönheit ist sie, noch nicht zwanzig, doch voll entwickelt, der Cosel kann sie nicht das Wasser reichen, doch das ist auch nicht ihre Aufgabe. Viel wichtiger: Sie ist Polin! Katholikin! Die polnische Mätresse könnte seine häufige Präsenz in Polen garantieren. Marie Gräfin Dönhoff, verehelichte Gräfin Bielinska, muß nicht lange vom Familienclan gebeten werden, um im festesfrohen Warschau alles zu tun, was König August gefallen könnte. Der allerdings findet zunächst nicht allzu viel Gefallen an ihr. Constantia hört wohl von den Ereignissen in Warschau, doch zum ersten Mal, seit sie mit dem König zusammen ist, reagiert sie nicht mit kämpferischen Rückeroberungsplänen, sondern gelassen: erst einmal das Kind zur Welt bringen, abwarten. Die Vorstellung, auch das dritte Kind ihres geliebten Mannes bald schon wieder anderen zu überlassen, mißfällt ihr.

Es ist ein Sohn, der kleine Friedrich August hat am gleichen Tag wie sie selbst Geburtstag, am 17. Oktober 1712. Constantia ist wieder sehr angegriffen, und diesmal kommt August nicht an ihr Lager. Ein schlechtes Zeichen? Etwas hat sich verändert bei ihm, aber auch bei ihr. Constantia möchte nicht mehr kämpfen. Ein vertrauter Freund rät zu raschen Entschlüssen und warnt sie vor einem möglichen Sturz. Inzwischen sind Monate verstrichen, und der König hat doch begriffen, was so interessant an Marie Dönhoff ist. Unter dem Applaus des Warschauer Hofs wird die kleine Gräfin seine neue Mätresse.

Constantia bricht nun doch nach Polen auf, um den Geliebten zurückzugewinnen; er beauftragt Offiziere, sie aufzuhalten, zu überreden – nötigenfalls unter Anwendung von Gewalt und Vorweisung des eigenhändig unterschriebenen Befehls –, dahin zurückzukehren, wo sie hergekommen ist. Damit nicht genug. Er versucht, ihr auch die Ehre zu nehmen, um die eigene Entscheidung zu rechtfertigen. Er zwingt Untergebene, ein Verhältnis mit ihr anzufangen, um sie dann öffentlich bloßstellen zu können. Das mißlingt, denn Constantia, die Beständige, liebt nur einen. Sie ist schockiert, verunsichert. Dann bietet er ihr eine Abfindung an, unter der Bedingung, daß sie den Ehevertrag herausgibt, dieses obskure Dokument, das sie einst forderte und dessen Veröffentlichung höchst schädlich wäre. Da sie zögert, weist er sie aus der Stadt und erklärt sie zur böswilligen, jähzornigen Zauberin. Konstant fordert er das Eheversprechen, das sie jetzt zwar herausgeben möchte, an das sie nun angeblich aber nicht herankommt, da es im Familienarchiv eines Vetters ruhe, der in der Festung Spandau einsitzt. Als sie heimlich nach Berlin reist, um das Dokument von ihrem Vetter zu erbitten, der wiederum sie erpreßt und hinhält, legt August ihre Reise als Flucht einer staatsgefährdenden Person aus und fordert ihre Übergabe vom preußischen Staat. Er bringt all die Habe der Staatsverbrecherin an sich und setzt sie unter Arrest. Daß die wachhabenden Offiziere die Gefangene vergewaltigt haben, drang vielleicht nur bis zu seinem Minister. Ebenso die Tatsache, daß Constantia am 28. November 1716, sechsunddreißig Jahre alt, einen Schlaganfall erleidet, daß sie lange transportunfähig bleibt. Am 24. Dezember 1716 wird sie auf die Festung Stolpen gebracht, wo sie bis zu ihrem Tod im Alter von vierundachtzig Jahren am 31. März 1765 leben wird.

Constantia bat den König immer wieder um ein persönliches Gespräch, was ihr nicht gewährt wurde. August weigerte sich sogar, ihre Briefe selbst zu lesen. Hatte er solche Angst vor ihr, vor seinen womöglich wieder aufflammenden Gefühlen, vor Constantias Macht über ihn, daß er sie sich nur aus dem Herzen reißen konnte, indem er die einstige Liebe dämonisierte, quälte und verbannte?

Sie überlebte August den Starken um zweiunddreißig Jahre, bei seinem Tode trauerte sie tief um ihn. In ihren schwarzgeränderten Briefen, die zumeist nicht die Adressaten erreichten, hat sie sich als seine Witwe dargestellt. Auch Augusts Sohn und Thronfolger, Friedrich August III., hat Constantia nicht freilassen wollen und ihr weiterhin strengste Isolation auferlegt. In ganz Sachsen glaubte man, die Gräfin Cosel lebe in Ruhe auf einem der Güter ihres Schwiegersohnes. Selbst die eigenen Kinder, denen es der königliche Vater übrigens nie an etwas fehlen ließ und die er alle vorteilhaft verheiratete, durften nichts über den Verbleib ihrer Mutter verlauten lassen, von der es heißt, sie habe sich in ihren letzten Lebensjahren zum Judentum bekannt. Ein einziges Mal, im Jahre 1727, hat König August die Festung

Stolpen besucht, aber er versäumte, Constantia aufzu-
suchen. Vielmehr war es ihm bei diesem Besuch um eine neue Kanone zu tun, die er auf dem Stolpener Felsen
prüfen wollte.

in memoriam

Gräfin Cosel

Ehrendes Gedenken an Anna Constantia von Cosel, anläßlich ihres 308. Geburtstages am 18. Oktober 1988, 14.30 Uhr in der ehemaligen Kapelle Burg Stolpen.

Den Versuch zu einer gerechten Persönlichkeitseinschätzung dieser unvergessenen Frau unternimmt Matthias Unger aus Erfurt.

Plakat für die Gedenkfeier in Stolpen am 18. Oktober 1988